D1665099

Bernhard Philberth

Der Souverän

BAC

Umschlagbild: Große Magellan-Wolke. Die unserer nächstbefindliche Galaxie: eine "Zwerggalaxie" mit zehnmilliard Sonnen in 160 000 Lichtjahren Abstand. Sie umläuft unsere 20-mal so schwere Milchstraße in rund milliard Jahren. Sie enthält unter anderem den außergewöhnlich mächtigen Tarantel-Nebel, der bald hunderttausende neuer Sterne bildet. 1987 erstrahlte in ihr sichtbar eine Supernova.

Astronomische Bilder reproduziert mit Erlaubnis von AAO Australia.

ISBN 0-646-33833-1

Publisher: BAC Australia Pty Limited
193-195 Power Street
Plumpton NSW 2761
Tel.: 61-2-9832 2777 Fax.: 61-2-9675 3645

Sydney, 18th September 1997

Vorwort

Die absoluten Wahrheiten des christlichen Glaubens werden von der Kirche seit zwei Jahrtausenden verkündet. Sie beruhen nicht auf menschlicher Weisheit und hängen nicht vom Wandel des menschlichen Wissens ab. Dennoch müssen sie stets in einer Sprache verkündet werden, die dem jeweiligen Denken verständlich ist. Dadurch werden zeitbedingte theologische Interpretationen immer wieder überholt. Unsere Zeit ist geprägt vom wissenschaftlichen Denken. Doch gerade die neuen Wissenschaften öffnen eine Schau der Wahrheiten von unerwartetem Reichtum.

Ausgehend von der "OFFENBARUNG des Johannes", von der Apokalypse, werden von einem bekannten Wissenschaftler neue Anschauungen der alten Verkündigung aufgezeigt.

Immer schon waren Neuinterpretationen erforderlich, und immer schon brachten diese schwere Krisen; über Thomas von Aquin, Giordano Bruno, Galileo Galilei, Friedrich Wöhler und andere bis in unsere Zeit. Immer schon benötigte die Bewältigung Jahre bis Jahrhunderte. Immer führten diese dramatischen Kämpfe zum Verständnis der Wahrheiten auf höhere Ebene. Mit dem heute sehr hohen Stand der Wissenschaft gilt das in bisher nie dagewesenem Ausmaß.

Neues Verstehen zeitloser Wahrheiten muß sich manchmal einer ungewohnten oder sogar befremdlichen Ausdrucksweise bedienen. Das darf aber kein Grund sein, die Interpretation neuer wissenschaftlicher Erkenntnisse irgendwelchen Ideologen zu überlassen. Die Kirche ist gerufen und berufen, Gottes Wahrheit unverkürzt zu künden.

Es ist eine Wahrheit, die Glauben und Wissen vereint.

Diese Schrift ist eine KURZFASSUNG des Buches
OFFENBARUNG von Bernhard Philberth, das ebenfalls im
BAC-Verlag erschienen ist.

Sie bringt die ersten zehn Kapitel aus dem Buchteil
DER SOUVERÄN, die von der "Offenbarung des Hl.
Johannes" (Apokalypse) ausgehen. Sie enthält zudem die beiden
Kapitel "Soll und Haben" und "Erlösung".

Neu hinzu kommt der Buchteil "**DAS WELTALL**" (45-59).

Inhalt

DER SOUVERÄN

Die Heiligen vor Gott

Erstaunliche Reden erheben die Heiligen in der Apokalypse zum Absoluten Souverän. Sie rufen Ihn an als "Unser Gott".

Off 4,11   Würdig bist Du, unser Herr und Gott,
            Herrlichkeit und Ehre und Macht zu empfangen.
            Denn Du bist es, der das All erschaffen hat,
            durch Deinen Willen war es und wurde es erschaffen.

Die Heiligen ehren den Souverän als Schöpfer des All, daß Er würdig sei, Ehre, Herrlichkeit, Macht zu empfangen.

Off 7,12   Amen. Lobpreis und Herrlichkeit und Weisheit
            und Dank, Ehre und Macht und Stärke
            unserm Gott in Ewigkeit. Amen.

Die Heiligen wollen, daß Lobpreis, Dank, Herrlichkeit, Macht ihrem Gott zukommen.

Off 11,17   Wir danken Dir, Herr und Gott und Herrscher
            des Alls, der ist und der war;
            denn Du hast Deine große Macht empfangen
            und Deine Herrschaft ergriffen.

Off 12,10   Jetzt ist gekommen die Rettung und die Macht
            und die Herrschaft unseres Gottes
            und die Vollmacht Seines Gesalbten.

Die Heiligen danken ihrem Gott, dem Ewigen, daß Er die Macht angenommen hat und ausübt, daß ihre Rettung und Seine Herrschaft gekommen ist und Seinem "Christus" Vollmacht zukommt.

Off 15,3   Groß und wunderbar sind Deine Werke,
            Herr! Gott und Herrscher des Alls!
            Deine Wege sind gerecht und wahr,
            König aller Zeiten!

Die Heiligen bewundern die Werke und Wege Gottes, ihres immerwährenden Königs, als groß, gerecht und wahr.

Off 19,1   Halleluja!
               Das Heil und die Herrlichkeit und die Macht
               ist bei unserem Gott.
               Die Urteile Seines Gerichts sind wahr und gerecht.
               Amen.

Die Heiligen jubeln, daß Gott ihnen zum Heil geworden ist, indem Er
in Seiner Herrlichkeit und Macht gerecht richtet.

Und der Absolute Souverän antwortet dem Heiligen:

Off 21,7   "Ich will ihm Gott sein, und er soll Mir Sohn sein".

Gott bedarf nicht der Ehrung durch Menschen. Er bedarf nicht des
Dankes, der Bewunderung, des Jubels der von Ihm Geschaffenen.
Und doch schaut Gott aus nach dem Hoffen, dem Wünschen, dem
Erwarten der Heiligen.

Im Gebet, das Gott selbst gegeben hat, lehrt Gott den Menschen zu
bekunden: "Vater unser im Himmel. Geheiligt werde Dein Name.
Dein Reich komme. Dein Wille geschehe wie im Himmel so auf
Erden." Die Gott Anrufenden wünschen, daß Sein Name geheiligt
werde, daß Sein Reich komme, daß Sein Wille geschehe.
      Warum ist es nicht selbstverständlich, daß der Name dessen, der
das All geschaffen hat, heilig ist, daß das von Ihm Geschaffene Sein
Reich ist, daß Sein Wille zwingend ist? Unfaßlich: Viele Menschen
wollen nicht, daß Gott Herrlichkeit und Ehre und Macht zukämen,
und halten Ihn dessen nicht für würdig. Sie ehren Seinen Namen
nicht, wollen Sein Reich nicht, erfüllen Seinen Willen nicht. Sie
lehnen Gott als Souverän ab.
      Die Heiligen jedoch bekunden, daß sie den souveränen Schöpfer
alles dessen, was existiert, den Schöpfer des Weltalls, für würdig
erachten, Herrlichkeit und Ehre und Macht zu empfangen, und daß sie
ersehnen, Er möge diese annehmen. Und so nimmt der Absolute
Souverän Herrlichkeit, Ehre, Macht an. Und der Absolute Souverän,
der in dankenswerter Erfüllung des Wunsches der Heiligen Herrlichkeit, Ehre und Macht annimmt, gibt Seinem Gesalbten (dh
Christus) die Vollmacht.

Die Heiligen, die durch Christus, in Christus, als Christus mit Gott vereint sind, erhalten selbst Herrlichkeit, Ehre und Macht. Gott, der eine und einzige Gott, ist der "Ganz Andere" und ist zugleich die "Gemeinschaft der Heiligen". Gott vereint alles in Sich, das Eine und das Andere. Er ist "alles in allem".

Von wem nimmt Gott Herrlichkeit, Ehre, Macht entgegen; von den Heiligen, von Seinen eigenen Geschöpfen? Wieso können diese Geschaffenen dem Herrn und Schöpfer überhaupt irgend etwas geben? Erstaunt fragt man: Hat es "DER DER IST", der alles Seiende aus dem Nichts ins Dasein ruft, vor dem das All wie ein Hauch ist, nötig, Herrlichkeit und Ehre und Macht zu empfangen? Muß Gott irgend etwas von Wesen empfangen, die Er selbst geschaffen hat, die Er grundlos entstehen und vergehen lassen kann?

In dieser Ungeheuerlichkeit gründet das unhinterfragbare, unauslotbare Geheimnis der Heiligkeit und Verdammnis.

Dienst und Freiheit

Der schöpfungs-allgewaltige Gott schafft, was Er will, wie Er will, wen Er will. Er schafft als uneingeschränkter Gesetzgeber. Der absolute Souverän ist an nichts, überhaupt nichts gebunden. Aber kraft Seines souveränen, schöpfungsmächtigen und gesetzgebenden Willens will er geschaffenen Wesen an Seiner Gottheit Anteil geben und sie in Sein ewiges Leben eingehen lassen. Kraft dieses Seines souveränen Willens will Er aber nur jenen Geschaffenen an Seiner Macht und Herrlichkeit Anteil geben, nur jene in Sein ewiges Leben eingehen lassen, die Ihn als Gott, Herrn und Richter wollen und frei wählen.

Die Heiligen sagen zum Absoluten Souverän: "Wir wollen, daß Du unser Gott, unser Herr und Richter bist; wir wollen Deine Diener sein." Und Gott sagt zum Heiligen (Off 21,7): "Ich will ihm Gott sein, und er soll Mir Sohn sein."

Jeder Mensch ist frei, die Einladung Gottes, Sein Sohn zu sein, anzunehmen oder abzulehnen. Er nimmt diejenigen als Seine Söhne, als Seine Kinder an, die Ihn als Vater haben wollen und Seinen Namen heiligen. In dieser Erwartung beginnt das Gebet des Herrn: "Vater unser im Himmel, geheiligt werde Dein Name."

Den Namen Gottes zu heiligen, heißt Gott die Ehre geben. Ein Volk, das die Ehre seiner Bürger gesetzlich schützt, aber Gott verunehren läßt, verwirkt, Sein Volk zu sein. Wer Gott nicht ehrt und Ihm nicht dient, hat Gott nicht als fürsorgenden Vater und Herrn.

Der Heilige macht sich selbst zum Diener Gottes: er gehorcht den Geboten des Herrn. Das erste Gebot des Herrn über Leben und Tod, das erste Gebot, "an dem alles hängt", ist: Gott und den Mitmenschen zu lieben. Und so dient der Heilige dem Herrn, indem er sich dem Mitmenschen in liebendem Dienst hingibt: "Vollkommenheit allein ist in der Liebe und Hingabe".

So dient in der Heiligkeit jeder jedem; nicht gezwungen, sondern in freier Entscheidung, in der Freude des Liebenden. Jeder freut sich, im Bedientsein erfreut zu werden. Und so ist jeder bedient, wie nie ein Machthaber dieser Welt je bedient worden ist und je bedient werden wird.

Auch in der Heiligkeit gibt es "Kleine und Große". Aber weil jeder, mit allem, was er ist und hat, sich an den anderen verschenkt, ist groß oder klein zu sein kein Unterschied, kein Mangel. Der Heilige wählt selbst, groß oder klein zu sein und dazwischen nach Belieben zu wechseln. Er wählt eigentlich gar nicht: Er läßt sich mit allen Formen des Lebens, die der Schöpfer in Vielheit und Verschiedenheit, in Überfülle anbietet, vom Absoluten Souverän beschenken.

Für die, die dem Gebot des Herrn gehorchen und einander in Liebe dienen, ereignet sich etwas grenzenlos Unfaßbares: "Der Herr selbst gürtet sich und bedient sie" (Matthäus). Ja sogar: "Der Herr gürtet sich und bedient jeden einzelnen von ihnen" (Lukas 12,37).

Der Schöpfer dient den Heiligen, die sich Ihm und Seinem Gebot unterworfen haben, mit allem, was er je geschaffen hat und je schaffen wird. Er macht sie zu den Herren über alles von Ihm Geschaffene: "Er läßt sie sitzen auf Seinem Thron" und : "Was kein Auge je geschaut und kein Ohr je gehört hat, hat Gott denen bereitet, die Ihn lieben" (1 Kor 2,9). Der Herr dient den Heiligen in der Freude, ihnen Freude zu bereiten, aus reiner Liebe. Die Herrlichkeit, mit der der allmächtige Herr den Seinen dient, ist grenzenlos: "Brüder, ich halte dafür, daß das Leiden dieser Welt in keinem Vergleich steht zu der Herrlichkeit, die an uns offenbar werden soll" (Paulus, Röm 8,18).

So wird die Unterwerfung unter die Herrschaft Gottes zur grenzenlosen Freiheit, Herrlichkeit und Macht für die Heiligen. Der Absolute Souverän erzwingt sich Herrschaft und Herrlichkeit nicht. Er zwingt niemand. Die Heiligen bieten Herrschaft und Herrlichkeit in freier Entscheidung dem Souverän an. Und Er übernimmt Herrschaft und Herrlichkeit und gibt sie – aus Seinem souveränen Willen – an die Heiligen zurück. In pulsierendem Leben strömen grenzenlos, unentwegt Herrlichkeit und Herrschaft, Macht und Gewalt, Ruhm und Preis von Gott zu den Heiligen und von den Heiligen zu Gott. Unser Gott ist den Heiligen als der regierende Souverän von Angesicht zu Angesicht gegenüber. Zugleich sind aber die Heiligen in Christus, dem wahren Gott, vereint mit Gott, dem dreifaltig Einen. Die triumphierende Kirche ist eins mit Gott.

Im unergründlichen Geheimnis des All-Seins Gottes ist Gott der Andere und zugleich der Eine; ist Er der "Ganz Andere" und zugleich die "Gemeinschaft der Heiligen" von Ewigkeit zu Ewigkeit.

Wandel mit Gott

In dieser Welt ist die Gemeinschaft der auf Gott Hinlebenden, ist die Kirche, der mystische Leib Christi: die Gemeinschaft derjenigen Menschen, die sich für Gott in Christus entschieden haben. Der Glaube an Gott – an Seine Existenz und an die Erlösung durch das Kreuz Christi – öffnet die Möglichkeit zur Entscheidung für Gott. Die Hoffnung auf Gott – auf Seinen Erlösungswillen und auf die Einladung in Sein Reich – bewegt zur Entscheidung für Gott. Die Liebe zu Gott – zu Ihm untrennbar gehören zu wollen, mit Ihm ewig vereint sein zu wollen – vollzieht die Entscheidung für Gott.

Glaube, Hoffnung und Liebe sind Geschenke der Gnade des Herrn, die derjenige erhält, der sie ersehnt, erstrebt, erbittet. Die an Gott glauben, auf Ihn hoffen und Ihn lieben, die ersehnen, erstreben und erbeten den "Wandel mit Gott".

Die Zuwendung zu Gott ist das Gebet. Im Gebet spricht der Mensch zu Gott. Das Gebet ist der Weg zum Heil. Im Versiegen des Gebets beginnt der Abfall. In vielen Arten des Gebetes wendet sich der Mensch an Gott.

Die Tages- und Stunden-Gebete sind wie ein Gerüst, an welchem man Rückhalt findet. Zur vorgeschriebenen Zeit ist man nicht immer zur Andacht befähigt. Aber gerade deshalb ist das Regular-Gebet der Anker, welcher das Abdriften aufhält und das Tor zur andächtigen Begegnung mit dem Herrn offen hält.

In immer wieder neu freudigem Andenken an Gott – im Ruhen oder Gehen, Arbeiten oder Reden, Erholen oder Feiern – durchdringt und erfüllt die Gegenwart Gottes das Leben. Das Leben selbst wird zum Gebet, wird zum Wandel mit Gott. Der mit Gott Wandelnde erfüllt die Gebote des Herrn. Er erfüllt sie mit Freude in der Liebe zu Gott. Es kommt – auch unter Bedrängnis und Verfolgung – zur Geborgenheit in Gott. "Die Freude am Herrn ist euer Schutz."

Und schließlich erhebt sich das Gebet des für Gott Entschiedenen zur Anschauung der Schöpfung als Gottes herrliches Werk und damit zur Anschauung Gottes selbst. Dieses Gebet der Anschauung der Herrlichkeit und Macht und Größe Gottes ist lebendiger Lobpreis, welcher dereinst einmündet in den ewigen Jubel der Heiligen.

Herrschaft und Sklaverei

Der allmächtige Gott zwingt keinem Geschaffenen Seine Herrschaft auf. Dieser furchtbare Gott gibt jedem Geschaffenen die schauerliche Freiheit, Seine Herrschaft abzulehnen. Und in unermeßlicher Großzügigkeit erhält jeder von Gott, für was er sich entscheidet. Wer die Herrschaft Gottes ablehnt, "sondert" sich von Gott, er "sündigt". Denen, die sich von Ihm lossagen, gibt Er eine Welt, in der Er nicht herrscht.

Er gibt ihnen ihr volles Erbteil; Welten mit allen Schätzen und Reserven, damit sie sich daraus ein Paradies bereiten können und sollen. Es gibt wohl sogar höllische Welten mit paradiesischem Glanz; bevölkert von Wesen, die zwar Gott abgelehnt haben, aber nicht übeltaten. Gott ist gerecht und barmherzig auch zu denen, die sich von Ihm sondern. Wie immer: Die sich abgesondert Habenden, die Sünder, sagen in ihren Welten: "Gott ist tot". Und Gott sagt: "Ich kenne euch nicht".

Luzifer, der "Andere Alte", hat von dieser Freiheit Gebrauch gemacht. Im Angesicht Gottes sagte er: "Ich will sein wie Gott, ich will nicht dienen". Gott erfüllte seine Forderung nach Souveränität – und so wurde er mit seinem Anhang der "Fürst dieser Welt", einer von Gott sich absondernden Welt.

Wer Gott nicht dienen möchte, will erst recht keinem Geschaffenen dienen. Der Griff nach der Herrschaft in gefallenen, von Gott gesonderten Welten wird damit zwangsläufig zur Gewaltherrschaft. Der Starke zwingt den Schwachen sich zum Dienst; klein zu sein ist Qual. Der Starke kämpft auf Leben und Tod um seine Vorherrschaft; groß zu sein ist Qual. Haß und Neid werden zwangsläufig die Motoren der Gesellschaft. Gewalttat, Unterdrückung, Ausbeutung, Betrug, physische und psychische, sittliche und spirituelle Entwurzelung, Entehrung und Entrechtung des anderen wird zur Basis des Kampfes eines jeden gegen jeden. Lüge und Mord werden die Prinzipien der Existenz in den vom Tod gezeichneten höllischen Welten.

Die Tötung, die Vernichtung des Schwächeren durch den Stärkeren, des Dümmeren durch den Intelligenteren, des Ärmeren durch den Reicheren – unter den Einzelnen und Familien, unter den

Gesellschaften und Institutionen, unter den Nationen und Macht-
blöcken – wird zum herrschenden Pseudo-Ethos, wird zum Prinzip
des Lebenskampfes, der Auslese, des "Fortschritts". Der "Vater der
Lüge und Mörder von Anbeginn" (Joh 8,44) ist der Gewaltherrscher
dieser unserer Welt.

Die "Freiheit" von Gott wird zur absoluten Sklaverei im
Herrschaftsanspruch eines jeden über jeden. Die Absonderung von
dem, der "das Leben ist", ist in sich der Tod. Es ist die Nichtigung
nach grauenvoll langen Epochen, bis zum "Verprassen des
mitbekommenen Erbteils", bis zur Erschöpfung der in die
Absonderung mitgegebenen, gigantischen Reserven.

Abfall von Gott

Die Sonderung von Gott ist Abfall von Gott. Wer den Geist der gefallenen Welt anbetet und sich von ihm leiten läßt, will den Absoluten Souverän nicht als Gott, Herrn und Richter wahrhaben.

Im Atheismus wird die Existenz Gottes geleugnet. Alles Sein wird als in sich und aus sich gegeben behauptet. Im Materialismus wird Gott durch die Materie ersetzt. Allmacht, Allwissen, Allgegenwart wird der Materie zugeschrieben. Im Agnostizismus wird die prinzipielle Unmöglichkeit eines Wissens von Gott behauptet. Das Wort Christi, die Verkündigung der Kirche, der Ruf der Propheten wird als Wort Gottes geleugnet.

In der Endzeit kommt alles zur Vollendung; auch die Freiheit der Entscheidung. Unter dem gewaltigen Druck der Wissenschaften und Faktizitäten brechen die meisten ideologischen Theologie-Konzepte, mit denen armseliger Menschengeist sich Gottes zu versichern bemühte, zusammen. Diese Theologie wird in einer ihre Existenz bedrohenden Krise geläutert; sie wird von allem Beiwerk menschlichen Wähnens und Hoffens gereinigt. Gott duldet keine Konzepte neben sich, die sich anmaßen, Ihn zu umfassen. Wie sollte der Schöpfer allen Seins – auch aller Denkgesetze, aller Denkmöglichkeiten, aller Denkapparate – von solchem Denken umfaßbar sein; also menschlichem Denken unterwerfbar sein?!

Aber auch alle atheistischen, materialistischen, agnostischen Konzepte brechen zusammen und werden in ihrer Primitivität offenbar. Im Abfall von Gott erhebt sich eine satanische Mystik mit eisenharter innerer Konsequenz, welche die Herrschaft über die Erde übernimmt: der luziferische Deismus. Dieser wird herrschen bis zu seiner Vernichtung durch Christus, durch Gott selbst am Ende der Zeiten.

Vor der Majestät Gottes brechen alle menschlichen Erkenntnismöglichkeiten zusammen; seien sie zu Ihm oder gegen Ihn gerichtet; sie brechen zusammen als eitler Wahn. Obgleich immer weniger dem hoffärtigen Denken beweisbar, obwohl der menschlichen Ratio immer mehr entgleitend, wird aber die Großartigkeit und Herrlichkeit Gottes in Seinem Werk und Wort immer gewaltiger und überzeugender offenbar. Für den, der Gott will und sucht, wird Gott im strahlenden Licht überweltlicher Wahrheit erkennbar. Gott gibt sich wunderbar zu

erkennen dem, der alle menschlichen, weltlichen Sicherheiten
verachtet und der sich für Ihn von Person zu Person entscheidet.

Es öffnet sich eine urgewaltige Freiheit: die Freiheit der
Entscheidung für oder gegen Gott.

Entscheidungswelt

Das Leben in dieser Welt entscheidet, ob ein Mensch nach dem Durchleben dieser Welt in den Himmel oder in die Hölle eingeht. Ist diese Scheidung einmal vollzogen, so ist sie für immer vollzogen, so ist diese unwiederbringbar. In dieser Welt ist ein beständiger Kampf zwischen Gut und Böse. Gott begegnet dem Menschen in dieser Welt als einem in die Freiheit der Entscheidung gestellten Geschöpf.

Gott straft in dieser Welt die sich Ihm Zuwendenden in "Heimsuchungen", um sie in Sein Reich des ewigen Lebens in grenzenloser Herrlichkeit heimzusuchen. Er straft sie zu ihrem Heil, aber läßt sie nicht aus Seiner Hand. Er bereitet ihnen Dasein in Seinen himmlischen Welten. Es ist ein Leben in ewiger Ruhe; für immer erlöst aus der Bedrohung durch Abfall und Nichtigung, nie mehr verändernd befreit aus der Sklaverei von Raum und Zeit. Es ist ein Leben in feurigem Erleben; für immer in Seiner heiligen Gegenwart, immer neu beschenkt mit all Seinen Schöpfungswerken über unermeßliche Räume und Zeiten, über unzählbar viele und unerschöpflich vielartige himmlische Kosmen.

Gott straft aber nicht, die sich von Ihm abwenden. Die sich von Ihm gesondert haben, überläßt Er sich selbst. Zu ihnen sagt Er die unfaßbaren Worte: "Amen, amen, Ich kenne euch nicht, Ich weiß nicht, woher ihr seid". In vom Schöpfer, dem lebendigen Gott gelösten Kosmen, in höllischen Welten, verschwinden die Verdammten vor dem Angesicht dessen, der selbst sie geschaffen hat, im "Zweiten Tod". Aus dem Sein des lebendigen Gottes und aus dem Bewußtsein der Heiligen verschwinden sie wie nie gewesen.

Es gibt zahllos viele und unterschiedliche himmlische Welten. Es gibt zahllos viele und unterschiedliche höllische Welten. Jede der unzählbar vielen Welten ist jeweils ein ganzer Kosmos mit eigenen Zeiten und eigenen Räumen. Zahllos viele Kosmen sind gigantisch groß: wie dieses "Weltall", in dem wir leben, und größer als dieses.

"Der Himmel" ist die Vielzahl der himmlischen Welten, der Vereinigung mit dem Absoluten Souverän. "Die Hölle" ist die Vielzahl der höllischen Welten, der Absonderung vom Absoluten Souverän. Und zwischen Himmel und Hölle ist eine unendliche, nicht überkommbare Kluft.

Es gibt zudem viele Entscheidungswelten; ebenfalls ganze Kosmen. Diese irdischen Kosmen sind irgend wie "zwischen" den himmlischen und den höllischen Kosmen; durch unüberkommbare Kluft geschieden.

Unüberkommbare Kluften bilden sich bis in die niedersten Bereiche irdisch-physikalischer Existenz ab. Aufgrund der quasi-Unendlichkeit der Invarianzgeschwindigkeit ergeben sich auch schon unüberkommbare Kluften etwa zwischen raumartigen und invarianz-artigen und zeitartigen Wellen und ergeben sich an den oberen und unteren Existenzgrenzen des Kosmos mit dem Weltpotential und dem Grenzpotential.

Erst in der Erkenntnis zwar endlicher, aber quasi-unendlicher Größen und Mächtigkeiten und den damit gegebenen unüberkomm-baren Kluften und Grenzen wurden unlösbar scheinende Probleme wie von selbst klar. Das frühere Fehlen der Kenntnis dieser ungeheuerlichen Grenzen und ihres Wesens zeugte schwere Krisen in der Geistesgeschichte der Menschheit. Diese physikalisch-kosmischen Existenzgrenzen, mit ihren quasi-unendlichen Horizonten, sind selbst schon dem klassischen Denken kaum faßbar. Sie lassen ahnen, wie gewaltig die existentiellen Horizonte vor dem absoluten Sein Gottes sind.

Unendliche Existenzhorizonte scheiden die irdischen Kosmen nach oben von den himmlischen und nach unten von den höllischen Kosmen; umsomehr die himmlischen von den höllischen Kosmen. Diese unendlichen Kluften sind von keinem Geschaffenen überkomm-bar. Nur der über allem Sein und Nichts thronende "Richter über Lebende und Tote" überkommt diese Kluften. Im "Schiedspruch" des allmächtigen und ewigen Gottes, des Absoluten Souveräns, scheiden die Heiligen von den Verdammten; einmal für immer.

Übergang

Die Heiligen gehen ein in die Herrlichkeit ihres Herrn und Gottes; mit Ihm vereint, als Seine Kinder Sein ewiges Leben erbend: "Geht ein in die Freude eures Herrn; nehmt in Besitz das Reich, das euch seit jeher bereitet ist".

Dies ist ein Übergang in andere Kosmen. Unser Kosmos ist von höllischer Grundstruktur; der Heilige geht aber über in einen himmlischen Kosmos: "Mein Reich ist nicht von dieser Welt". Die Heiligen waren in dieser Welt schon "Fremdlinge, Pilger, Heimatlose" geworden – und gehen nun in ihre wahre Heimat, in das Reich ihres Vaters, in himmlische Kosmen.

Kein Geschaffener kann aus sich in einen anderen Kosmos übergehen. Der Übergang geschieht allein im Schiedsspruch des Richters über Lebende und Tote. Wenn "Christus als Richter wiederkommt", werden die Heiligen "mitgenommen". Das Evangelium sagt: "Zwei Menschen liegen auf einem Lager; einer wird mitgenommen, einer bleibt zurück".

Paulus spricht von "Entrückung". Die Vorstellung von einer Entrückung hat in der Kirche kaum fußgefaßt. Es ist vermutlich ein wie normaler Vorgang: ein Vergehen in, aus, von dieser Welt und Aufleben in einem himmlischen Kosmos; vergleichbar Tod und Geburt. In Sekten hat die Vorstellung der Entrückung vielfach abenteuerliche Erwartungen erweckt. Diese Entrückung besagt etwas unfaßbar Gewaltiges, der Welt entzogenes und der Welt fremdes, auch wenn sich dies unscheinbar, vielleicht sogar der Welt unbemerkbar vollzieht.

Himmlische Welten sind unendlich geschieden von irdischen Welten; auch von dieser Welt. Der "Heimgang" des Heiligen ist ein Übergang von einem zeitlichen in ein ewiges Leben. Es ist der totale Wechsel der Grundlage des Lebens und jeglicher Existenz. Jeder System-Wechsel ist in der Regel eine krisenhafte Umstellung; erst recht dieser unendliche Übergang.

Unsere Welt ist durch die potentielle Gegenwart des Infernalen so stark mitgeprägt, daß nur wenige Hochbegnadete schon hier dem himmlischen Leben nahe sind. Wenn der Herr nicht starke Ablässe schenkt, durchlebt der von einer irdischen in eine himmlische Existenz Übergehende eine schwere Krise. Diese ist das Purgatorium.

Das Purgatorium ("Fegefeuer", eigentlich "Reinigungs-Zustand")
ist ein Übergangs-Zustand: ist Reinigung im sehnsüchtigen Erwarten
der Anschauung Gottes und der Herrlichkeit Seines Reiches. Es ist
eine Gnade Gottes, der die bereits zur Heiligkeit Bestimmten den
Gefahren der Entscheidung entrückt, um sie dennoch makellos in die
Gemeinschaft der Heiligen eingehen zu lassen. Zwar ist das glühende
Verlang-en nach dem Herrn ein reinigendes Feuer; aber doch
freudiges Überkommenwerden von der Herrlichkeit Gottes, um für
immer zu verbleiben.

Die Entrückung und das Fegefeuer, die so sektiererisch und
antiquiert anmuten, sind somit sehr nüchterne, beinahe normale
Vorgänge. Fast alle theologischen Interpretationen, die heute so
unwirklich und oft läppisch empfunden werden, treffen doch eine
tiefe Wahrheit. Diese konnte nur zu ihrer Zeit niemand in ihrer Tiefe
begreifen; auch die höchst Gebildeten und Geschulten nicht.

Das ist gerade die Aufgabe der Theologie: die Wahrheit der
Verkündigung in der Sprache, in den Bildern und Vorstellungen der
jeweiligen Zeit und des jeweiligen Raumes darzustellen. Auch
Christus tat so: "Er redete in Gleichnissen zu ihnen", etwa:

Den "geistigen Leib", von dem Er und Paulus sprechen, den Er am
Berg der Verklärung und nach Seiner Auferstehung den Jüngern
zeigte, konnte niemand begreifen. Wie eine Mutter ihren Kindern
Wahrheiten in ihnen begreifbaren Gestalten darstellt, so vollzog
Christus Seine Auferstehung mit Seinem materiellen Körper;
zeichenhaft, den Menschen begreiflich. Der Schöpfer aller Kosmen
bedarf nicht des Übergangs der armseligen Aminosäuren und
Pyridinbasen unseres Fleisches in andere Kosmen; schon gar nicht,
um damit dort Seine Heiligen ewig zu belasten.

Ebenso ist etwa die "Himmelfahrt Christi" eine den Jüngern
begreifbare, zeichenhafte Aufzeigung eines ihnen an sich unbegreif-
baren Überganges; eines überweltlichen Vorganges, der alles menschliche Begreifen grenzenlos übersteigt.

Ergeben sich auch für die Verdammten krisenhafte Übergänge?
Christus spricht von "Heulen und Zähneknirschen" der Verdammten
in höllischer Welt, in der Finsternis. Auch die höllischen Welten sind
quasi-unendlich geschieden von irdischen Welten. Aber es wird nichts
von Übergangs-Zuständen berichtet. Man kann nur vermuten:

Als gefallene Welt ist diese irdische Welt bereits höllenartig. Sie ist jedoch deshalb von höllischen Welten noch quasi-unendlich geschieden, weil himmlisches Leben noch potentiell gegenwärtig ist. Hier ist zwar höllisches Leben die Regel, aber noch nicht unwiderruflich vollzogene Tatsache. Was ist aber, wenn im Jüngsten Gericht die Heiligen in ihre Heimat bei Gott "mitgenommen" worden sind – und wenn der Geist Gottes diese Welt verlassen hat? "Stürzt" der Verdammte dadurch in die Hölle, daß er schlicht – für immer unabänderlich – in dieser Welt verbleibt; in einer Welt, die in der "Gottverlassenheit" eben zur höllischen Welt wird?

Die Verdammten hatten sich für diese Welt und deren Geist entschieden – und wollten hier keinen Gott. So erfüllt der Absolute Souverän ihren Willen und verläßt die Welt; die Heiligen, die schon in dieser Welt zu Fremdlingen, Pilgern, Heimatlosen geworden waren, mit sich in Sein Reich nehmend. Die "Kinder dieser Welt" bleiben eben in dieser ihrer Welt zurück, die im Verlassen alles Heiligen von Gott verabsondert und zur Hölle wird.

Die Tatsächlichkeit ist aber sicher sehr viel umfassender, als alle menschliche Vorstellung sich ausmalen könnte. Gelangen vielleicht verschiedenartig von Gott Abgefallene in verschiedenartige höllische Kosmen; ihrer Art entsprechend, vielleicht sogar nach einem "Gesetz minimaler Änderung"? Sollen und brauchen wir überhaupt solche Fragen stellen? Christus und die Apostel gaben darüber keine Auskunft; warum auch? Die Hölle ist doch gar nicht unsere Wahl. Wir sind zum ewigen Leben in Gott berufen – und dieses verkündet Christus und die Kirche, die uns dahin führen will. Der Himmel sind die Welten immerwährenden Gedenkens Gottes, "er ist in Mir"; die Hölle aber sind die Welten der niewiederkehrenden Erkenntnis von Gott, des Vergessens Gottes, "Ich kenne euch nicht".

Diese irdische Welt ist selbst weder eine himmlische noch eine höllische Welt. In dieser irdischen Welt existieren real und faktisch keine himmlischen oder höllischen Welten: in der Raumzeit dieses Kosmos sind sie nicht hier und nicht dort, sie waren nicht gewesen und werden nicht sein. In dieser irdischen Welt sind die himmlischen und höllischen Welten aber virtuell existent, potentiell gegenwärtig: als kommende Möglichkeit für die in der Entscheidung Stehenden.

Relationalität und Ewigkeit

In dieser Welt ist Hölle wie Himmel potentiell gegenwärtig: als frei vollziehbare Entscheidung. Nach dieser Entscheidungswelt, mit der Scheidung der Heiligen und Verdammten im Jüngsten Gericht, schwindet auch die potentielle Gegenwart der höllischen Welten für die Heiligen aus dem Dasein, und schwindet die potentielle Gegenwart der himmlischen Welten für die Verdammten aus dem Dasein. Es ist, als würden die himmlischen und höllischen Welten relational zueinander aus dem Dasein schwinden; wie nie gewesen.

Unheimlich haben dann sogar alle Recht.

Die Verdammten sagen: "Wir wußten es doch, daß es keinen Gott gibt". Unwirklich ferne erinnern sie sich an Narren, die an einen guten, gerechten, liebenden Gott glauben, und die sich Seinetwegen von uns ausbeuten ließen. Die Verdammten fragen sich, "Wo sind diese Toren denn jetzt mit ihrem Gott, von dem sie ewiges Heil zu erhalten wähnten? Vielleicht haben sie ihre Torheit eingesehen und sind mit unter uns?"

Die Heiligen sagen: "Wir wußten doch, daß unser Gott lebt, der als liebender Vater und gerechter Richter unverlierbar mit uns ist". Unwirklich ferne erinnern sie sich an Abwegige, die Gott ablehnten und dem Geist der Welt anhingen, von denen sie bedrängt wurden und die auch einander bedrängten. Die Heiligen fragen sich: "Wo sind diese Armseligen ohne Gott jetzt? Vielleicht haben auch sie Gott erkannt und sind mit unter uns?"

In Bezug auf eine jede irdische Welt sind die himmlischen und sind die höllischen Welten wie an einem unerreichbaren quasi-unendlich entfernten Existenz-Horizont. In Bezug auf eine jede himmlische Welt sind die irdischen Welten wie an einem quasi-unendlichen Existenz-Horizont, sind aber höllische Welten nicht existent: die irdischen Welten sind gleichsam nur wie ferne Ur-Erinnerungen gegenwärtig, die höllischen Welten aber aus dem Dasein geschieden, wie nie gewesen. In Bezug auf eine jede höllische Welt sind die irdischen Welten wie an einem quasi-unendlichen Existenz-Horizont, sind aber himmlische Welten nicht existent: die irdischen Welten sind gleichsam nur wie ferne Ur-Erinnerungen gegenwärtig, die himmlischen Welten aber aus dem Dasein geschieden, wie nie gewesen.

Gleichsam sind die himmlischen und die höllischen Welten – relational zueinander – aus dem Dasein verschwunden. Diese unheimliche Relationalität ist selbst existentiell: keine geschaffene Existenz vermag einen Standpunkt einzunehmen, der die Mächtigkeit dieser Existenz-Relationalität übergreifen könnte. Schon darüber zu reden ist leer. Die sich einander existentiell ausschließenden Welten des Himmels und der Hölle sind – wechselseitig füreinander – nicht existent; wie an unendlichen, unüberkommbaren, abgrundlos unheimlichen Existenz-Horizonten aus dem Sein ins Nichts verschwunden.

Begründet diese wechselseitige Relationalität eine Art von Gleichberechtigung der höllischen und himmlischen Welten, ist dies ein doch irgendwie gleichartiges Verschwinden aus dem Dasein? Dies ist eine den Existenzhorizont selbst berührende, nicht mehr stellbare Frage: weil eben Himmel und Hölle absolut existentiell geschieden sind. In einer gefährlichen Hybris des Geistes sei doch darüber gesprochen, um es sodann – wie einen Alptraum abstreifend – wieder zu vergessen:

Im Aspekt der Heiligen: Das Schwinden der Hölle aus dem Dasein der Himmlischen ist gleichsam die Bejahung des Todes der Verdammten. Im Reich des Lebens ist alles Bejahung, ist alles Leben. Im Aspekt der Verdammten: Das Schwinden des Himmels aus dem Dasein der Höllischen ist gleichsam die Verneinung des Lebens der Heiligen. Im Reich des Todes ist alles Verneinung, ist alles Tod. Aber sogar dieses "gleichsam" existiert nicht: jede Projizierung höllischer Existenz auf den Himmel und jede Projizierung himmlischer Existenz auf die Hölle ist existenznichtigender Wahn; nicht existierend, für immer zu vergessen.

Himmel und Hölle schließen einander absolut existentiell aus. Es ist die absolute Ausschließung von Leben und Tod. Es ist die absolute gegenseitige Ausschließung von Ewigkeit des Lebens in der Vereinigung mit Gott und von der Leere des Todes in der Trennung von Gott. Nur in Gott, nur vereint mit Gott ist wahres Leben, ist DAS LEBEN. Nur dieses wahre Leben ist ewig; nur Gott ist ewig. Gesondert, getrennt von Gott ist DER TOD. Der "zweite Tod", der Tod in der Absonderung von Gott als dem allein in Ewigkeit

Lebenden, ist wesenhaft nicht ewig. Im Tod wird der Begriff "ewig" in sich nichtig; "einmal für immer" ist nicht ewig. Dazu ein Gleichnis:

Vor mir lag ein eigenartiges Gemälde, das soeben verbrennend verging; einmal für immer. Ist dieses nun ewig verendet? Was ist ein ewiger Tod? Dies ist überhaupt eine falsche, mißbräuchliche Benutzung des Wortes "ewig"; zu tiefen Mißdeutungen Anlaß gebend.

Das Wort "ewig" sei nur in dem totalen Sinn der christlichen Verkündigung genommen: Ewig ist nur Gott selbst; aber auch der mit Ihm vereinte Heilige, aufgrund und nur aufgrund der Vereinigung mit Gott.

Die Ewigkeit Gottes ist das Ungeschaffen-Sein jenseits aller Räume und Zeiten aller Kosmen. Gott ist JAHVEH. Die Ewigkeit ist jenseits aller Räume, aller Zeiten, aller Kosmen, die die Allmacht des ewigen Gottes ungewesen entstehen und gewesen vergehen läßt; die das Wort des souveränen Gesetzgebers aus dem Nichts in das Sein ruft und aus dem Sein in das Nichts schwinden läßt. Ewig ist nur der mit Gott Vereinte; mit Christus, der selbst "gezeugt, nicht geschaffen" ist.

Christus spricht oft von einem ewigen Leben im Himmel; nie von einem ewigen Leben in der Hölle. Im "nie verlöschenden Feuer" der Hölle sind grauenhafte Existenzen der Verdammten in unentwegter Nichtigung; aber kein ewiges Leben irgend eines Verdammten. In der totalen Absonderung von Gott, der allein das Leben ist, ein "ewiges Leben" zu unterstellen, ist der totale Widersinn.

Ein Meer brandet gegen einen Strand. Dieser Vorgang währt Jahrtausende irgendwie unverändert, und doch ist es fortwährendes Entstehen und Vergehen immer anderer Welten. In Gott ist ein unbegrenzt großartiges quasi-statisches, höchst-dynamisches Sein.

Der Himmel

Gott allein ist ewig. Gott ist der ganz Andere, ist aber auch die Gemeinschaft der Heiligen. Jeder Heilige lebt ewig in Gott.

Jede der zahllos vielen himmlischen Welten kommt vor dem Angesicht Gottes in das Dasein, durchläuft in machtvoller Veränderung ihr Dasein, geht vor dem Angesicht des Herrn aus dem Dasein. Der Himmel, die unbegrenzte Vielzahl der kommenden und gehenden himmlischen Welten, ist immerwährend; ewig, nirgends begrenzbar.

Die Heiligen leben in diesen himmlischen Welten, kommend und gehend in pulsierendem Leben, in unverlierbarer Vereinigung mit dem ewigen Gott. Vor dem absoluten Schöpfer und Herrn über alle Räume und Zeiten ist jedes Kommen ein freudig, frei vollzogenes Ausgehen vom Herrn, ein höchst anmutendes, ereignisreiches erregendes Durchstreifen einer himmlischen Welt; ist jedes Gehen ein tiefst vertrauendes, erwartendes, glückliches Heimkehren zum Herrn. In himmlischen Welten ist das "Sterben" immer neue Auferstehung in Gott, ist das Leben immerwährender Wandel mit Gott. "Ich bin die Auferstehung und das Leben."

Es ist ein pulsierendes Leben; immer wieder Eingehen in das absolute allumfassende, über-personale Bewußtsein Gottes, über allen himmlischen Welten – und immer wieder Ausgehen in das individuelle, begrenzte, eigen-personale Bewußtsein des Heiligen in einer der himmlischen Welten. Dies ist frei verfügbar in allen Möglichkeiten, in unbegrenzter Tatsächlichkeit als machtvolles weltüberspannendes, weltenbeherrschendes Bewußtsein, aber auch als zierliches, verborgenes schlichtanmutiges Bewußtsein.

Vereint mit Gott, der alle himmlischen Welten Seinen Heiligen zur Erbschaft gibt, sind jedem Heiligen alle himmlischen Welten, mit allen Möglichkeiten des Durchlebens, frei zugänglich. Dem Heiligen ist der Himmel offen. Alle Veränderungen des Bewußtseins sind jedem Heiligen als individueller Personalität, wie allen Heiligen als überindividueller Kommunität, offen: In den unbegrenzten Zeiten durchlebt der Heilige, in unentwegtem Kommen und Gehen, bewußt individuell jeden überhaupt möglichen Lebensstil, in ewiger Gegenwart Gottes. Jeder Heilige ist von jedem anderen individuell

verschieden – und doch hat jeder Heilige im Kommen und Gehen in
Gott Anteil am Leben jedes Heiligen. Ganz merkwürdig erinnert dies
an das Pauli-Verbot und die Fermi-Statistik in der Quantenphysik.
Das höchste Sein bildet sich bis in die Ebene der Physik ab und gibt
damit die Möglichkeit, wenn auch vereinfacht, das Hohe zu erkennen.

Gleichsam ist das ewige Leben quasi-quantendynamisch: Jeder
Heilige ist ein in sich einheitliches Bewußtsein-Element, ist struktu-
rierte Personalität. Und das Leben ist ein bewegtes Wechseln der
Existenz, ein Kommen und Gehen in unzählbaren himmlischen
Welten. Es ist ein unentwegtes Übergehen von einer Vereinigung in
Gott in ein Gegenüber zu Gott – und von einem Gegenüber zu Gott in
eine Vereinigung in Gott; aber immer, ewig unverlierbar in und zu
Gott, immer mit dem DER IST.

Als "die" Welt der immerwährend an Gottes Ewigkeit Anteil
habenden Heiligen ist "der" Himmel ewig. Als Vielzahl einzelner, je
kommender und gehender Welten, ist der Himmel quasi-ewig. Die
Ewigkeit des Himmels wie der Heiligen gründet allein in der Ewigkeit
Gottes, des allein Seienden.

Es gab eine Irrlehre, die sagte, daß in der fortwährenden Vereinigung
mit Gott eine Übersättigung mit Freude, Frieden, Herrlichkeit einträte,
so daß die Seele wieder einmal auf ein Erdendasein herabsteigen
wolle. Wenn dem so wäre, gäbe es kein ewiges Leben in Gott, denn
dies würde eine – wenn auch noch so kleine – Wahrscheinlichkeit
zum Fall in die Absonderung begründen. In unbegrenzten Zeiten
würde dies immer irgendwann den Verlust der Vereinigung mit Gott
herbeiführen. Jedoch: Im himmlischen Sein ist das erwartungsvolle
"Heraustreten in das Gegenüber zu Gott" doch eine unverlierbare
Gegenwart Gottes.

Auch in extremsten Situationen und Erlebnissen, auch in stärkster
Bewußtseins-Aktualisierung als Eigen-Personalität ist "Jahveh" im
Bewußtsein; als "Der, der Ist", als der, der "mit mir Ist". Was immer
erlebt und durchlebt wird, es geht immer wieder zu auf das
glückerfüllte "Hineintreten in die Vereinigung mit Gott".

Gott ist wie ein Landherr, ein Vater mit vielen Kindern, mit einem
riesigen Land und einem wohnlichen Haus. Die Kinder lieben den
Vater und sind gerne bei Ihm im Haus, sie lieben aber auch das Leben
in den grandiosen Ländereien, die ihnen ihr Vater bereitet hat. Der

Vater hat jedes Kind gerne bei sich im Hause wohnen, hat es aber auch gerne, daß es sich des Landes erfreut. In freudiger Erregung zieht es aus, in freudiger Befriedigung kehrt es heim. Aber immer – auch in den fernsten Ländern und im einnehmendsten Abenteuer – ist es im Reich des allherrschenden Vaters. Im Haus des liebenden Vaters ist unentwegtes Heimkommen und Fortgehen und wieder Heimkommen jeden Kindes.

Der Heilige im Gegenüber zu Gott liebt Gott und fürchtet Gott. "Die Furcht Gottes ist der Anfang der Weisheit." Der heutige Mensch will von einer Furcht Gottes nichts hören. Man gewahrt, daß man verloren wäre, wenn Gott nach Gerechtigkeit ohne Barmherzigkeit richten würde. Aber in der Liebe zu Gott weiß man um Seine alles Begreifen übersteigende Güte. Die wahre Furcht Gottes ist eine gewaltige Erfahrung der Macht Gottes und des Gott Gegenüberseins. Der der Macht Gottes Begegnende fürchtet nicht mehr die Welt, Tod und Teufel. Die wahre Furcht Gottes erfüllt mit überirdischer Freude.

Es gibt Menschen, die die Gegenwart Gottes schon in dieser Welt erfahren; in diesem seltenen, durchgreifenden Erlebnis darf ein Mensch mit Gott sprechen. Er sieht Gott nicht und hört Gott nicht, und Gott spricht in keiner Sprache. Es ist Seine lebendige Präsenz, und Sein Wort ist das Wort, in dem alles geschaffen wurde, was existiert; glasklar, unmißverständlich. Der zeitlos Ewige kommt nicht und geht nicht. Ist Er gegenwärtig, dann ist es, als sei man immer mit Ihm gewesen. Schon bei Schaffung der Welt war der Mensch bei Ihm; alle Weltzeiten sind wie gegenwärtig. Ist Er nicht mehr gegenwärtig, ist es, als sei Er nicht gegenwärtig gewesen. Aber der Mensch weiß mit Gewißheit, was Gott sagte. Und das Dasein alles Weltlichen, das eigene Menschsein selbst, verblaßt wie ein Hauch.

Und unbegreiflich: Die Gegenwart der grenzenlosen Macht und die überwältigende Klarheit Seines allgegenwärtigen Willens zwingt nicht. Einfach unfaßbar: In der Gegenwart des Herrn über das Sein und das Nichts ist der Mensch uneingeschränkt in der Entscheidung frei.

Der Absolute Souverän ist kein Kleinkrämer; was bietet schon diese elende Erde in dieser gefallenen Welt an Erstaunlichkeiten und Lustbarkeiten! Hundertmilliarden Sonnen, wie unsere, hat unsere

Galaxis – und hundertmilliarden Galaxien, wie unsere Galaxis, hat
unser Präsenzraum – und nochmals Hunderttausende solcher Groß-
räume hat unser Kosmos. Und dieser Kosmos ist einer unter unzählbar vielen.

Die Vereinigung mit Gott, dem Herrn über Zeit und Raum, befreit
aus der Sklaverei unter Raum und Zeit. Es ist die Erhabenheit über die
Veränderlichkeit in Raum und Zeit. Es ist die "ewige Ruhe" des
Heiligen "im ewigen Licht" des Absoluten Souveräns; ewige Ruhe in
feurigem Leben des Heiligen in Gott.

Das Wort Gottes ist von übergeordneter Mächtigkeit. Er läßt die
Heiligen in Welten nach ihrem freien Verlangen und Gefallen leben.
Die himmlischen Welten gestalten sich sogar nach dem Verlangen
und Gefallen, nach dem Lebenswillen der Heiligen. Die Heiligen
gestalten sich ihre Welt, wie ein Bauherr sein Haus nach den Plänen
des Architekten gestaltet. Extrem formuliert: Gott schafft Strukturen,
die den Heiligen Schöpfungs-Möglichkeiten öffnen. Sein Wille ist:
die Heiligen schaffen sich – durch ihr Verlangen, Gefallen, Lebenwollen – die himmlischen Welten; in ihnen aus- und einziehend. Gott
läßt die Welten sich nach den Heiligen gestalten.

Über die Geist-Materie-Komplementarität der irdischen Welten
hinausgehend, begabt Gott das Lebenwollen der Heiligen – als Leben
in Ihm, dem ewig Allmächtigen – mit weltenschöpfender Kraft. Weil
Gott "alles in allem" ist, entstehen und vergehen himmlische Welten
in vollkommener Vielheit und unbegrenzter Verschiedenheit. In Gott
ist für die Heiligen nichts Wünschbares, Erwartbares, Erlebbares
ausgeschlossen.

Da gibt es stahlhart gegenständliche, aber auch traumhaft fließende
Welten. Da gibt es übergigantisch große, aber auch kuschelig kleine
Welten. Da gibt es wild sich gestaltende und entwickelnde, aber auch
still fließende und verharrende Welten. Da gibt es unerschöpflich
vielfältige, aber auch gähnend einfältige Welten. Da gibt es Welten in
allen Arten dazwischen und von allen Arten durchdrungen. Da gibt es
die unterschiedlichsten Gesellschaften von Heiligen.

Aber Gott, der den Heiligen aus Liebe dient, nur um sie zu
erfreuen, erstellt ihnen noch unermeßlich viel mehr als sie je erwün-
schen, erwarten, erleben können. Er schafft eben doch die Welten, die
sich mit den Heiligen gestalten.

In Gott sind alle Grenzen nichtig. Nichtig ist jede Grenze der Zahl möglicher Kosmen: es sind unbegrenzt viele Kosmen möglich und tatsächlich. Nichtig ist jede Grenze der Art möglicher Kosmen: unbegrenzt verschiedenartige Kosmen sind möglich und tatsächlich. Nichtig ist jede Grenze der Freiheit und Beweglichkeit: jegliche Verweilungen, Übergänge, Änderungen sind unbegrenzt möglich und tatsächlich. Aber auch unbegrenzt nahes Eingehen in Gott und unbegrenzt fernes Ausgehen von Gott ist möglich und tatsächlich. Nur die Absonderung von Gott – das Wesen der Hölle – ist in himmlischen Welten nicht möglich: die wesenhafte Negierung Gottes ist die Nichtigung des Seins einfachhin.

Alles himmlische Leben – unbegrenzt in Zahl, Art, Nähe und Ferne – ist Wandel in Gott: in Gott, in dem alle Grenzen nichtig sind. Die Nichtigkeit aller Grenzen in Gott ist die Allmacht Gottes. Der Heilige lebt ewig in Gott, in dessen Allmacht alles entsteht und vergeht.

In der wunderbaren Freiheit und Ordnung des ewigen Lebens in Gott – Freiheit, die immer neu Ordnungen befestigt; Ordnung, die immer neu Freiheiten öffnet – ist das Gericht beim Absoluten Souverän, den die Heiligen als Richter erwählt haben. Im Spannungs-Feld der freien Persönlichkeiten ist Gott Richter in absoluter Gerechtigkeit durch Barmherzigkeit, in Weisheit und Wahrheit zum Frieden.

Unentwegt schafft Gott irdische Welten, Entscheidungswelten. Unent-wegt schafft Er – in den Zeiten dieser irdischen Welten – Wesen, mit der Freiheit der Entscheidung für oder gegen Ihn selbst. Unentwegt entscheiden sich neugeschaffene Wesen für Ihn. Unentwegt gehen erneut Wesen in die Gemeinschaft der Heiligen ein. Dennoch ist die Zahl der Heiligen von Ewigkeit zu Ewigkeit unverändert, immer unzählbar groß.

Dies ist "das Geheimnis der übergroßen Zahlen": Kommt jemand neu zu einer kleinen Gesellschaft, so findet er kaum einen ihm Ähnlichen. Kommt jemand zu einer großen Gesellschaft, findet er einige ihm einigermaßen Ähnliche. Kommt der Heilige in die unzählbar große Gemeinschaft der Heiligen, so findet er derart ununterscheidbar ihm Ähnliche, daß er sich damit identifiziert; er geht ein in eine von Ewigkeit zu Ewigkeit unveränderlich mit dem unwandelbaren Gott vereinigte Gemeinschaft.

Es öffnet sich damit ein faszinierender Einblick: Der in irgend-
einer Zeit Geschaffene, der eingeht in die Heiligkeit des Herrn,
vermißt nicht die halbe Ewigkeit des Vergangenen. Eingehend in die
Vereinigung mit Gott, hat er Anteil an der Überzeitlichkeit des
Absoluten Souveräns: Aufgenommen in die Gemeinschaft der
Heiligen, war er alle Zeiten, die der Herr je geschaffen hat und je
schaffen wird, schon bei Ihm. Der "Engel" eines Gott ergebenen
Menschen, der "immerfort das Antlitz Gottes schaut", ist dieser
Mensch selbst, jedoch "nach" seinem Eingehen in Gott.

Fortwährend gehen Wesen aus immer neu entstehenden und
vergehenden irdischen Welten in den Herrn ein. Weil immer wieder
neu Wesen mit bis zur Identität gleichartigen Leben und
Entscheidungen in die Gemeinschaft der Heiligen eingehen, verliert
sich die zur Heiligkeit führende zeitliche Entscheidung nicht in der
Ewigkeit, sondern ist als unentwegte Freude über die erwählte und
vollzogene Entscheidung gleichsam ewig gegenwärtig. Die Opfer und
Leiden, unter denen diese dramatische Entscheidung vollzogen
wurde, werden damit zu umso größerer Freude. Die Freiheit der
Entscheidung, die Opfer und Leiden im Kampf der Entscheidung, der
Sieg über die Versuchung zur Fehlentscheidung zeugen den
unendlichen Jubel der Heiligen, machen die Vollkommenheit des
ewigen Lebens im Herrn.

Die Entscheidung gegen Gott entgleitet in die Virtualität; verbleibt
nur als ferne Ur-Erinnerung an die möglich gewesene andere
Entscheidung und an die Potentialität des Bösen in der vergangenen
Entscheidungswelt. In dieser Urerinnerung träumen die Heiligen
vielleicht einmal Höllisches; um daraus mit umso größerer Freude –
wie erneut Erlöste – in das lebendige Dasein mit Gott zu erwachen.

"Die Himmel und die Erde werden vergehen. Aber Meine Worte
werden nicht vergehen." Gott ist ewig, und Seine Worte, in deren
gesetzgebenden Macht alle Welten kommen und gehen, sind ewig.

Christus sagt, daß die Himmel vergehen. Sollten die höllischen
Welten besser als die himmlischen sein – und nicht vergehen?

Die Hölle

Nichts von Gott Gesondertes ist ewig. Gott allein ist der, der Ist. Gott allein ist Das Leben. Ein vom "Baum des Lebens" gesonderter Zweig "lebt" nur noch, bis er verdorrt.

"Hölle" heißt "die Gesonderte". Jedes von Gott Abgesonderte geht mit Erschöpfung seiner mitgenommenen Reserven in die Nichtigung. Auf dem Wege der Absonderung existiert eine höllische Welt zwar noch. Aber es ist der Weg zur Nichtigung einer wesenhaft sterbenden Existenz. Es ist gleichsam eine virtuelle Existenz.

"Nichtigung nach Aufbrauch der mitgegebenen Reserven"; in der Analogie: Die Totalwerte aller Fundamental-Größen dieses unseres Kosmos sind Null: Total-Energie, Total-Masse, Total-Ladung, Total-Spin, Total-Impuls, Total-Drehimpuls und wohl auch Total-Entropie sind Null. Dieser Kosmos ist aus dem Nichts gekommen und vergeht wieder in das Nichts.

So ist es auch mit jeder höllischen Welt. Mit der Absonderung von Gott geht Gott nichts "verloren". Jeweils über die gewaltigen system-inneren Räume und Zeiten ergibt sich mit den ebenso gewaltigen inneren Energien und Massen diese permanente Null-Ergänzung nach "außen". Aber eben wegen der "inneren" Raumzeitlichkeit verläuft die innere Ausgleichung zu Null, womit die höllische Welt auch in sich nichtigt; über grauenhaft lange Zeiten; infernal entartend.

Aber all dies ist aus dem Bewußtsein des Absoluten Souveräns und der Heiligen schon mit der Absonderung gelöscht, vor Gott genichtigt.

Der Absolute Souverän schafft irdische Welten mit gigantischen Lebensreserven. Er schafft Welten der Entscheidung, aber keine höllischen Welten. Mit Gesellschaften, die sich gegen den Absoluten Souverän als Herrn entscheiden, gestalten sich absondernde Welten. Im Geist einer abtrünnigen Gesellschaft gestaltet sich jeweils eine höllische Welt. Über lange systemeigene Zeiten abdriftend geht diese höllische Welt unaufhaltsam, unwiederbringbar der Nichtigung entgegen.

Gesondert von Gott, dem allein Seienden, ist alles nichtig. Nichtig ist jede Grenze der Zahl und Art höllischer Welten. Die Hölle ist die unbegrenzte Vielzahl höllischer Welten.

Unentwegt schafft Gott neu irdische Welten; schafft Gott Entscheidungswelten. Unentwegt entscheiden sich geschaffene Wesen
gegen Gott, mit denen sich Welten gestalten, die abdriften. Unentwegt
sind unzählbar viele höllische Welten auf der Abdrift.

Die Hölle ist wie ein fortwährend sich erhaltendes Alters- und
Sterbe-Heim: Immer neu treten Alte ein, die sich von lebenerhaltender
Gesellschaft abscheiden, um dort zu sterben. Immer existiert dieses
Heim, immer voller neue, dem Tod zugehende Alte. In diesem
eigentümlichen Sinn – mit jedem Alten als einer höllischen Welt – ist
auch die Hölle quasi-ewig. Sie ist "das nie erlöschende Feuer, in dem
der Wurm nicht stirbt".

Als "die" Welt der einmal für immer von Gott gesonderten Wesen
ist "die" Hölle nichtig. Als Vielzahl einzelner, je kommender und
gehender Welten ist die Hölle quasi-ewig. Die Nichtigkeit der Hölle
und der Verdammten gründet allein in der Absonderung von Gott,
dem allein Seienden.

Abgeschieden vom lebendigen Gott, dem allein Seienden,
gesondert vom absoluten Bewußtsein des Absoluten Souveräns,
entstehen und vergehen die Wesen in einer höllischen Welt. Dieses
Entstehen und Vergehen wird beherrscht durch die Dispositionen
dieser jeweiligen Welt und ihrer Gesellschaft. Der Verdammte
unterliegt dem Gesetz der höllischen Welt und Gesellschaft. Seine
Freiheit ist ein gesetzter Spielraum, ist gesteuerte, virtuelle Freiheit,
ist Sklaverei.

In höllischen Welten ist stahlharte Gesetzlichkeit. Schon diese
irdische Welt funktioniert nach harten Natur-Gesetzen. Warum
erstaunt man sich hier über die kleinen Unbestimmtheiten der
Quanten-Physik? Viel erstaunlicher ist doch die ansonsten so präzise,
tyrannisch herrschende Naturgesetzlichkeit. In höllischen Welten
herrschen stahlharte Natur-, Geistes- und Gesellschafts-Gesetze; ohne
Barmerzigkeit.

Das "Recht" eignen sich die jeweils Mächtigen an, um zu
herrschen, auszubeuten und zu unterdrücken. Das Recht wird
wesenhaft Unrecht. Schon in dieser gefallenen Welt erscheinen
grauenhafte Perversionen des Rechts durch Gesetzgebungen und
Rechtsprechungen, welche historische, politische, weltanschauliche
Wahrheitssuche unterdrücken und interessengesteuerten Indoktri-
nierungen und Manipulationen dienen; welche mit unterschiedlichen

Maßstäben des Rechts die Wahrheit und Gerechtigkeit zersetzen und die sittlichen Grundlagen zerstören. Das ist einfachhin "die" Verabsonderung vom "Herrn des Gerichtes", vom Herrn über Leben und Tod. Das Wesen Gottes ist Gerechtigkeit.

Die Leben einer höllischen Welt entstehen und vergehen als individuelle Ausformungen des jeweiligen Kollektivs, richtiger: als Aktualisierungen des Geistes der jeweiligen Welt. Immer wieder kommen und gehen Wesen, frühere Saaten erntend. Sie kommen und gehen; disponiert durch die Vorgeschichte in einer Zeit, die unaufhaltsam ihrem Ende entgegengeht. Im Erschöpfen der Reserven über lange innere Zeiten verendet dieses Entstehen und Vergehen; richtiger: Im Ausgleichen der inneren, sich zu Null ergänzenden Komponenten nichtigt sich jede höllische Welt schließlich in sich selbst.

Unüberkommbar gesondert von Gott, sind die höllischen Welten auch unüberkommbar gesondert voneinander; jegliche Übergänge ausschließend.

Vor der absoluten Gerechtigkeit des Richters über Leben und Tod ist keine Eigenart höllischer Welten definierbar. Die Vielzahl derer, die sich gegen Ihn entschieden haben, werden von Ihm auch untereinander geschieden: in Geistes-Verwandtschaften, in Gesellschaften gleicher Eigenart. Im Zusammenkommen gestalten sich absondernde Welten nach der Art ihrer Gesellschaften. Alle höllischen Welten sind wesenhafte Absonderung von Gott. Jede ist gestaltet im Geist der Ablehnung des Absoluten Souveräns; in der Ablehnung als Gott, Herr und Richter. Aber es gibt eben sehr verschiedene Arten, sich von Gott zu sondern; verschieden im Verhalten der Wesen zueinander.

Jede höllische Welt ist wie ein Schiff, das mit dem seinen Fahrgästen angepaßten, diesem Schiff eigenen Komfort aus dem Hafen ausläuft, nie mehr wiederkehrend: Ein Schiff mit Fahrgästen, die sich deshalb für die Abfahrt entschieden haben, weil sie – ungehindert vom Landesherrn – andere ausbeuten, erpressen, unterdrücken, versklaven, niederkämpfen, demoralisieren, entrechten wollen und dies gar zum Ethos und Seinsprinzip erheben, geht schon mit schlechten, schwer erträglichen Lebensformen ab. Ein Schiff mit Fahrgästen, die sich zwar für die Abfahrt entschieden haben, aber einander wohlwollen, geht mit schönen, leicht erträglichen Lebensformen ab.

Aber wer könnte es wagen zu erwarten, daß eine Welt, die – wie immer – in der Rebellion gegen Gott gesondert ist, nicht in eine grauenhaft böse Welt entartet? Kann man anderes erwarten, als daß es eine Welt der Rebellion, der Aggression, des Nichtigungswillens jedes gegen jeden und aller gegen diese lebensfeindliche Welt wird? Kann man anderes erwarten, als daß es eine Welt des Neides und des Hasses und des Kampfes jedes gegen jeden mit unermeßlichen, unentrinnbaren Leiden wird?

Alles höllische Leben ist auf den Tod hin, ist der Prozeß der Nichtigung in sich. Wer wollte sich gegen Gott entscheiden, in der eitlen Hoffart sich eine Salon-Hölle einzurichten!

Die Entscheidung für Gott entgleitet in die Virtualität; verbleibt nur als ferne Ur-Erinnerung an die möglich gewesene andere Entscheidung und an die Potentialität des Guten in der vergangenen Entscheidungswelt. In dieser Urerinnerung träumen die Verdammten vielleicht manchmal Himmlisches: um doch wieder einmal – aus ihrem vom Tod gezeichneten höllischen Existieren – in das Reich schöner Träume entfliehen zu können; wie die Drogensüchtigen schon hier. Und vielleicht kommt mit diesen Träumen auch etwas Licht, Frieden, Wohlwollen in diese Welten der Verurteilten; vielleicht wirken sie, wenigstens die Vernunft anrufend, doch sogar als Regulative gegen das Abgleiten in den Exzeß des Grauens. Dies ist wie ein schönes Relikt der Barmherzigkeit des Richters über Lebende und Tote für die Toten.

Das wahrhaft Furchtbare, vernichtend Bedrohliche ist, daß mit dem Richterspruch des Richters über Lebende und Tote, die sich absondernden Wesen und Welten an unheimlichen Existenz-Horizonten von dem Antlitz Gottes schwinden. Die absolute Gerechtigkeit Gottes besteht furchtbarerweise darin: Er beendet Seine Rechtsprechung, Seine richterliche Rechtstellung und Fürsorge für die, die Ihn als Richter ablehnen: "Wahrlich, wahrlich, Ich kenne euch nicht, Ich weiß nicht, woher ihr seid".

Was sind überhaupt alle Aussagen über die Hölle, über Wesen und Welten, die aus dem Bewußtsein Gottes selbst verschwunden sind, die sich existentiell genichtigt haben? Sind sie nicht selbst wesenhaft nichtig? Sie sind schauerliche Gleichnisse, gespenstische Reflexe eines weltenvernichtenden Feuers unter dem Horizont.

Soll und Haben

Diese Welt ist eine Entscheidungs-Welt. Himmlische und höllische Existenz ist in dieser Welt potentiell gegenwärtig: in der jedem Menschen eröffneten Entscheidung; frei verwirklichbar.

Nach der Entscheidung, in der Scheidung des Jüngsten Gerichts, schwinden die himmlichen und höllischen Welten – relational zueinander – aus dem Dasein. Diese Relationalität ist selbst existentiell: Keine geschaffene Existenz vermag einen Standpunkt einzunehmen, der die Mächtigkeit der Existenz-Relationalität übergreifen könnte. Schon darüber zu reden ist leer.

Die sich einander existentiell ausschließenden Welten des Himmels und der Hölle schwinden – wechselseitig – aus dem Dasein in das Nichts. Sie verschwinden unwiederbringlich an unheimlichen Existenz-Horizonten.

Solche Existenz-Horizonte bilden sich bis in die niederste Seinsmächtigkeit des Geschaffenen ab: bis in die physikalische Struktur unseres Kosmos.

Mit überwältigenden Erkenntnissen über die Strukturen des materiellen Daseins bietet die Physik grandiose Analogien für die höheren und höchsten Seinsmächtigkeiten, welche – mit der Physik als Boden und der Theologie als Decke – übereinander geordnet sind. Als die Realisation des einen und einzigen schöpfungsmächtig-gesetzgebenden Wortes des Absoluten Souveräns, sind die verschiedenen Seinsebenen wesensähnliche Abbildungen voneinander. Sie sind einander Gleichnisse – und sind Gleichnis des Schöpfers.

Allein der Absolute Souverän ist Herr über das Sein und das Nichts.

Die Gedanken beginnen zu schweifen und ungeheuerliche, nie betretene Bereiche zu durchstreifen. Anschauung von Niegeschautem öffnet sich.

Die Totalenergie des All ist null. Das All existiert in einer Scheidung des Nichts in positive Substanz-Energien mc^2 und negative Potential-Energie $-mc^2$ der Massen m im Weltpotential $-c^2$. Um das All zu schaffen, war keine Erschaffung von Energie aus dem Nichts erforderlich: "nur" die informative Scheidung des Nichts. Aber diese

Information, dieser geistige Akt ist eben die Allmacht des Absoluten Souveräns, der das Nichts existenzschaffend in Positives und Negatives scheidet: Er schafft als Gesetzgeber.

Für jede Materie, jeden Körper und jede Strahlung, für jede Masse des All gilt: Deren Substanzenergie mc^2 ist aus der Raumzeit des All entnommen und in einer Masse m mit der Energie mc^2 investiert (Haben). Diese Entnahme hat die Masse m an das All in Raum und Zeit verschuldet (Soll). Und eben diese Verschuldung $-mc^2$ der Masse m im Weltpotential $-c^2$ hat dieser Masse mit deren Energie mc^2 in Raum und Zeit Existenz verschafft (Kredit).

Die negative Potentialenergie (der Massen m im Weltpotential $-c^2$) entzieht sich aber seltsam der Erfassung. Existentiell erscheint statt dessen eben Raum und Zeit: die Wechselwirkung der Massen reaktional (Aktualaspekt) mit den Schwerefeldern über den Raum mit der Zeit, ist existentiell (Existenzaspekt) Raum und Zeit. Höchst erstaunlich und zugleich aller banalest: es existiert fraglos Raum und Zeit und darin Massen mit Gravitation über Raum und Zeit.

Ist die existentielle Substanzenergie mc^2 – wegen der Quasi-Unendlichkeit des Weltpotentials $-c^2$ – ein quasi-unendlicher Wert? Die Antwort ist unfaßbar und zugleich selbstverständlich: Im Weltpotential mit dem quasi-unendlich-tiefen Wert $-c^2$ unter dem Absoluten Nullpotential des Nichts, ist die Masse unendlich adfektiert, indem sie gegenüber dem Nichts im Dasein ist. Gegenüber dem Nichts ist jedes Sein etwas Unendliches. Gleichsam nur mit einem unendlichen Wert multipliziert (adfektiert) ergibt 0 den endlichen Wert, mit dem die Masse eben existiert. Es ist einfachhin unfaßbar, warum überhaupt etwas ist und nicht nichtist. Und dennoch, innerkosmisch: das Seiende ist einfachhin fraglos da und hat eben den endlichen Wert mc^2.

Obgleich im All jede einzelne Masse die totale Energie 0 besitzt – investiert mit mc^2 und verschuldet mit $-mc^2$, – kann sie deshalb nicht ohne weiteres entstehen oder vergehen, weil die Verschuldung $-mc^2$ jeder Teilmasse in der Schwerkraft-Verhaftung mit allen Massen das All besteht; in eben den über alle Räume und Zeiten des All erstreckten Schwerefeldern (Gravitation). Diese Felder entstehen und vergehen aber nicht zeitlos, sondern bauen sich mit Invarianz-geschwindigkeit c auf und ab; zudem mit dem Raum weitend und in der Zeit alternd, dh mit der Raumzeit expandierend.

Entstehung und Vergehung ist aber möglich in Punktualität, dh in der extremen Inhomogenität der Singularität. Im partiell inhomogenen, strukturierten Kosmos ist nur Verstrahlung von Materie möglich, Übergang von körperlicher Masse in strahlende Masse, die aber in der Expansion der Raumzeit approximativ gegen null rotverschiebt und nichtigt.

Die Situation der Existenz ist vielleicht im Gleichnis verständlicher: Ein besitzloser Landstreicher kommt zur Bank Deutscher Länder und erbittet einen Milliarden-Kredit. Der Direktor entnimmt million Tausend-Mark Scheine dem Tresor und stopft sie dem Kreditnehmer in einen Rucksack. Der ehedem Landstreicher und nun Kreditnehmer unterzeichnet einen Schuldschein über eine Milliarde Mark, den der Direktor an Stelle der entnommenen Milliarde in den Tresor legt. Ist der milliarden-schleppende Kreditnehmer nun reich oder arm? Das ist aspektabhängig : Für die Mitmenschen ist er fraglos Milliardär, hochbegehrter Geschäftspartner. Es werden Fabriken gebaut, es wird Arbeit und Brot "geschaffen". Der Schuldschein erscheint nicht und bleibt im Tresor verwahrt. Nun lacht sich der zum Industriellen gewordene Landstreicher aber eine Braut an. Der eventuelle Schwiegervater sieht ihn anders an: Dieser ehemalige Landstreicher ist zwar ein pfiffiger und tüchtiger Kerl: durch ihn wird fest gearbeitet und flott gelebt. Aber, aber, da ist doch noch dieser Schuldschein. Würde dieser eingefordert, so bliebe nichts mehr. Der Schuldschein ist jedoch nicht ohne weiteres einforderbar, aber auch kaum einlösbar, denn es sind weltweite Beziehungen entstanden. Der Kredit ist schwer zu bekommen, ist aber auch schwer loszuwerden. Der "verlorene Sohn" kann ihn freilich auch vergeuden, was die Verhaftung an die Bank noch zwingender fixiert, sodaß ein Entkommen nur noch durch einen die Schuld ablösenden ("ihn erlösenden") Vater möglich wird.
Erstaunlicherweise ist das Gleichnis der Heiligen Schrift von den zehntausend Talenten, die ein Diener dem Herrn schuldet, im Vergleich zu den achtzig Denaren, die ein anderer Diener diesem Diener schuldet, gerade das Verhältnis der existentiellen Energie $+mc^2$ eines Menschenkörpers zu der Energie, die ein Mensch in seinem ganzen Leben in Wechselwirkung zur Umwelt und Gesellschaft tätigt; an der Nahrungsaufnahme gemessen: dreißigmilliard zu eins. Diese Schuld wird ausdrücklich als existentiell bezeichnet:

"Verkauf des Dieners selbst und all seiner Habe, um die Schuld zu begleichen".

In erstaunlicher Analogie der spirituell-religiösen zur physikalisch-kosmischen Existenz ist ein gleich riesengroßes Verhältnis der Verschuldung welche das Dasein begründet, zu den im Leben aufbringbaren Leistungen. Die Analogie greift aber noch tiefer, bis in das Wesen allen Daseins: Spirituell wie physikalisch ist die existentielle Verschuldung ein zwar endlicher aber quasi-unendlicher Wert :

Die christliche Verkündigung lehrt, daß keine auch noch so große Anstrengung eines in dieser Welt Existierenden, ein Entkommen aus dieser Welt, aus diesem "Tal der Tränen", aus diesem spirituellen Potential-Topf zu ermöglichen vermag. Größerer Einstatz führt auch wieder zu größerer Ich-Haftigkeit im Besitz, im Ruhm, in Macht und Lust; genau analog wie noch so schnelle Bewegungen mit ihrem Massen-Adfekt eine ebenso erhöhte Verhaftung im Potential ergeben. Am schwersten und gefährlichsten sind die Verhaftungen in der Kultivierung der Selbsterfüllung im Gutsein, im Starksein, im Heiligsein. Dies steigert sich bis zum Wahn des Berechtigtseins und Verpflichtetseins, Mitmenschen zu verurteilen; aber:

"Urteilt nicht, damit ihr nicht verurteilt werdet".

Die kosmische Existenz in der Tiefe des Weltpotentials, in welchem jegliches kosmische Existierende schon ins Dasein tritt, und die Nichtentrinnbarkeit aus diesem Potential-Topf ist die genaue Abbildung in die Physik, was die christliche Verkündigung von der Erbschuld lehrt: Schon mit Eintreten in das Dasein in dieser Welt erbt der Mensch diese existentielle Verhaftung, aus der ihn nur der unendliche Gott ablösen kann. Sogar die Bilder und Ausdrücke der christlichen Verkündigung sind aus der physikalischen Welt entnommen: Die Welt als Gefängnis in der Tiefe des Daseins (Potential-Tiefe); die Verhaftungen an die Welt in der Erdenschwere (Gravitation); die Unmöglichkeit der Selbsterlösung auch mit jeglicher Bemühung, die wieder Stolz und Dünkel zur Folge hat (jeglicher Energie-Zuwachs führt zur Erhöhung der Masse und damit Schwere-Verhaftung, ohne Aufsteigen im Potential).

Es sind nichteinmal nur Bilder im Sinne von Gleichnissen, sondern im Sinne von sprachüblichen Beschreibungen. Was sind denn die "hohe Gesellschaft", doch nicht die in Obergeschossen der Wolkenkratzer wohnenden! Der Buddhismus, verkündet die Schuld-

Verhaftung an die Welt, welche die Existenz überhaupt begründe, den Daseins-Durst (Schwere), das Karma-Gesetz (Energie-Erhaltung). In allen Religionen und Ideologien sind "unten" und "oben" Ausdrücke für Leben in "tieferen" oder "höheren" Existenz-Niveaus (Potentialen).

Das All existiert, es ist nicht nichts. Es existiert im innerkosmischen Aspekt, obgleich seine Totalenergie 0 ist; sogar weil alle seine Totalwerte 0 sind.

Kein noch so großer Aufwand, keine noch so hohe Energie kann irgendwelche Materie über das Weltpotential $- c^2$ hinausheben; auch nicht geringfügigst. Dies ist auf dieser Ebene des All wie analog von einem grenznahe-tiefen Relativpotential: ein demgegenüber höheres Relativpotential ist relativ umsomehr erhöht, je näher das Ausgangspotential dem Relativen Grenzpotential $-c^2$ ist. Vom Relativen Grenzpotential $-c^2$ sind schon geringste Potentiale darüber unerreichbar hoch, unendlich hoch; wie in unendlicher Höhe aus der Existenz entschwunden, jegliches Entkommen ausschließend.

Unendlich hoch, unerreichbar für jedwedes Existierende ist das Absolute Nullpotential. Der darauf extrapolierte Bezug ist existenzerschütternd schauerlich. In Bezug auf das Nichts ist das All wie nichtig, ist alles Sein wie nichtig. Dem innerkosmisch Existierenden steht dieser Aspekt wesenhaft nicht zu. Es ist ein nur dem allmächtigen Schöpfer, dem ewigen Gott eigener Bezug. Nur Gott ist in nichts begründet; nur in Sich Selbst. Gott der absolut Seiende thront gleichsam im Nichts. Nur Er ruft mit Seinem schöpfungsmächtigen Wort alles Sein – mit allen Räumen, Zeiten, Energien, Massen aller Kosmen – in das Dasein und aus dem Dasein.

Erlösung

Im Absoluten Souverän allein ist ewiger Frieden in Wahrheit und Gerechtigkeit, aber auch in Liebe und Barmherzigkeit.

Zugleich mit der Ursünde wird schon in der Genesis die Erlösung gekündet. Erlösung ist Loskauf. Gott selbst bezahlt den Erlös, den Lösepreis für uns; mit Seinem Leiden und Sterben, im Leiden und Sterben Christi, des wahren Menschen und wahren Gottes.

Aber warum muß der Absolute Souverän überhaupt jemand etwas bezahlen, um uns "loszukaufen"? Der Allmächtige hätte doch die Macht, uns ohne weiteres freizusetzen. Warum müssen wir der Macht, dem Glanz und Reichtum Luzifers widersagen? Man sollte doch meinen, Macht, Glanz und Reichtum ist bei Gott, und Elend, Trübsal und Armut beim Teufel! Warum ist für uns überhaupt "Umkehr" notwendig? Man möchte doch meinen, der reguläre Weg sei zu Gott und die Umkehr zum Teufel.

Gott ist die absolute Gerechtigkeit. Der Absolute Souverän achtet und wahrt das Recht eines Jeden; auch dessen, der selbst das Unrecht wirkt und lebt und der das Recht zum Unrecht pervertiert. Er achtet sogar das Recht des Geistes der Ungerechtigkeit und Rechtlosigkeit, des Vaters der Lüge und Mörders von Anbeginn: das Recht Luzifers.

Weil der Mensch – entgegen Gottes Gebot – der Lüge Luzifers gefolgt ist, ist er Beute und Sklave des Bösen geworden, hat der Böse ein Anrecht auf den Menschen bekommen. Weil der Böse sich dieses Anrecht aber erlogen hat, bietet Gott dem Menschen an, ihn aus dieser Sklaverei loszukaufen.

Als heilsgeschichtliches Wirken des überzeitlichen Gottes durchwirkt die Erlösung die ganze Geschichte. In einer kurzen Zeit vor zwei Jahrtausenden, an einem kleinen Ort in Palästina einsetzend, erwuchs die Erlösung über alle Zeit über die ganze Welt. Mit Christus, dem Sohn Gottes, grundgelegt und in unzählbar vielen Heiligen der Kirche verwirklicht, wurde alle Welt vom Erlösungswirken Gottes erfüllt.

Wie die Ursünde, so ist auch die Erlösung immer und überall in dieser Entscheidungswelt: als in jedem einzelnen Menschen – von der Geburt bis zum Tod – fortwährend gegenwärtiges Angebot zur immer neuen Entscheidung gegen die Sünde, für die Erlösung in Gott.

Diejenigen, die dieses Angebot grenzenloser Liebe annehmen, sind losgekauft. Sie sind als Erlöste der Macht des Gewaltherrschers entzogen. Sie gehören nicht mehr dieser, seiner Welt an. Sie sind "Fremdlinge, Pilger, Heimatlose" in dieser Welt. Sie werden von dieser Welt und deren Geist gehaßt – und tragen dadurch mit am Leiden und Sterben Gott-Sohnes, tragen bei zum Lösepreis als "Glieder des mystischen Leibes Christi".

In diesem Leiden, in dieser Kreuzigung, im Tod dieser Welt und für diese Welt, gründet die Auferstehung der Heiligen, in welcher sie Kinder Gottes werden. Christus ist Richter über Lebende und Tote, ist die Personifikation der Gerechtigkeit des gesetzgebenden Souveräns. Er ist das "Wort Gottes".

Gott hat das All als Geber der Gesetze geschaffen. Mit diesen ist das All entstanden und wird wieder vergehen. Das gesetzgebende Wort des Absoluten Souveräns schuf das All mit allen Räumen und Zeiten, mit allen Materien und Geistern. Gott-Sohn kam als Erlöser in die von Ihm selbst geschaffene Welt; sich freiwillig diesem Raum und dieser Zeit ausliefernd. Er kam in Seine Schöpfung, um uns Kinder Gottes werden zu lassen.

JOHANNES-PROLOG :

> *"Im Anfang war das Wort.*
> *Und das Wort war bei Gott.*
> *Und das Wort war Gott. ...*
> *Durch dieses ist alles geworden.*
> *Er kam in Sein Eigentum.*
> *Aber die Seinen nahmen Ihn nicht auf.*
> *Allen aber, die Ihn aufnahmen,*
> *gab Er Macht, Kinder Gottes zu werden.*
> *Denen, die da glauben an Seinen Namen,*
> *die nicht aus dem Geblüt,*
> *nicht aus dem Wollen des Fleisches,*
> *nicht aus dem Wollen des Mannes,*
> *sondern aus Gott geboren sind."*

DAS WELTALL

Makrokosmos

Das "WELTALL" ist der Kosmos, in dem wir leben. Es ist jetzt rund zwanzig milliard Jahre (20 000 000 000 a) alt. Mehrere Altersbestimmungen ergeben unabhängig voneinander, daß das Weltall vor mindestens 15, höchstens 22 milliard Jahren punktartig begonnen hat und seither zeitlich und räumlich expandiert, dh fortschreitend älter und weiter wird. Ein "Vorher" und ein "Außen" existiert nicht :
Zeit und Raum beginnen selbst erst im "Ursprung".

Ein neuer Kosmos springt offenbar sehr klein (zB 1 Meter) extrem kurz hinter der "Kosmischen Singularität" ins Dasein. Die Kosmische Singularität ist das quasi-unendlich tiefe Potential $-c^2$: ein metaexistenter Punkt, der nie erreichbar ist, der jedoch alle Existenz bestimmt. Die "Schließung des Raumes" nach Kollaps eines Riesengalaxenkerns ist "Quasi-Durchtunnelung" der Singularität.

Unser Weltall ist endlich, wird aber beherrscht von "quasi-unendlichen" Größen. Dies sind zwar endliche, aber wie (qausi) unendlich operierende Größen. Alles Geschehen ist orientiert an der unveränderlichen (invarianten) Vakuum-Lichtgeschwindigkeit c. Dies ist die "Invarianzgeschwindigkeit" $c = 299\ 792\ 458$ Meter/Sekunde.

Jede Masse m verkörpert die Energie $E = mc^2$; und jede Energie E hat die Masse $m = E/c^2$. Jede Masse existiert im Weltpotential $-c^2$, im existentiellen Schwerepotential des quasi-unendlich tiefen Wertes $-c^2$. Mit ihrer (negativen) Potentialenergie $-mc^2$ ergänzt jede Masse m ihre Substanzenergie mc^2 zu null. Das Weltall im Ganzen hat die Total-Energie null. Auch seine Total-Masse, sein Total-Impuls, seine Total-Ladung ist null. Und vermutlich ist anfangs auch seine Total-Entropie und seine Total-Information gleich null.

Die gesamtkosmische Null-Bilanz beherrscht alles kosmische Dasein. Sie bestimmt primär die Expansion der Raumzeit: der Raum expandiert mit der Zeit eben so, daß immer die Totalenergie null ist und bleibt. Innerkosmisch erscheint dies als "Gesetz der Erhaltung der Energie", wie eine Unsterblichkeit der Energie.

Die Massen erstellen mit ihrer Schwerkraft über den Raum mit der Zeit das existentielle Potential. Die "Raum-Zeit-Union" ist überhaupt das innerkosmische Erscheinen der Potentialenergie. Die Raum-Zeit ist selbst die Null-Ergänzung.

Jede kosmische Existenz ist mit -c^2 quasi-unendlich tief unter einem wesenhaft unfaßbaren "Absoluten Nullpotential". In Relation zum Absoluten Nullpotential verschwindet jeder Kosmos mit all seinen Energien und Massen zu null: seine gigantischen Räume zu einem Punkt; seine Zeiten zu einem Ereignisblitz, der jedoch immerfort quasi-gegenwärtig ist. Unheimlich bestätigt damit neueste Kosmophysik die uralt geoffenbarte Wahrheit Gottes: Vor Ihm, dem Schöpfer aller Räume und Zeiten aller Kosmen, ist alles Existierende wie ein Nichts, dem jenseits aller Räume und Zeiten thronenden Gott immerwährend gegenwärtig.

Obgleich nichtig vor dem Herrn über das Sein und das Nichts, ist das Weltall intern von gänzlich unvorstellbarer Dimension und Herrlichkeit.

Die Massen werden in Einheiten der Erdmasse oder Sonnenmasse angegeben. Diese sind sehr genau:

Erde $6 \cdot 10^{21}$ tonnen (6000 million·million·million);

Sonne $2 \cdot 10^{27}$ tonnen (1 million Erdmassen sind 3 Sonnenmassen).

Unsere Sonne ist ein mittlerer Stern in der Milchstrasse, der "Galaxis". Dies ist eine Sternwolke mit 220 milliard Sonnen (220 000 000 000) in Gestalt einer flachen Scheibe mit 100 000 Lichtjahren Durchmesser. Im Beobachtungraum sind über hundertmilliard Galaxien; mehr kleinere, weniger größere. Die Riesenkugelgalaxien haben bis zu 10^{14} Sonnen. Sie sind meist im Zentrum von Galaxien-Haufen. Das gesamte Weltall hat vermutlich 10^{24} bis 10^{28} Sonnen-massen.

Entfernungen werden in Lichtsekunden sc oder Lichtjahren ac angegeben: 1 sc = 299 792 458 Meter (als Längen-Normal definiert); bzw sehr genau 1 ac = 10^{16} Meter (zehn million·million km). Das Licht umläuft in einer Sekunde sehr genau 7,5-mal den Erdumfang von 40 000 km (Der Erdquadrant ist sehr genau 1/30 Lichtsekunden).

Der Abstand eines Sterns vom nächsten in der Galaxis ist einige Lichtjahre ac. Der Abstand einer Galaxie von der nächsten im Weltraum ist einige Megalichtjahre Mac (million Lichtjahre). Die weitest beobachteten Objekte (Quasare) sind 15 000 Mac entfernt. Schon 1 Mac ist völlig unvorstellbar: Man kauft die Weltproduktion von 0,015 mm dickem Papier, stapelt dies bis zum Mond (380 000 km) und nimmt dann statt jeden Blattes die Mondentfernung.

①

②

③

6

⑦

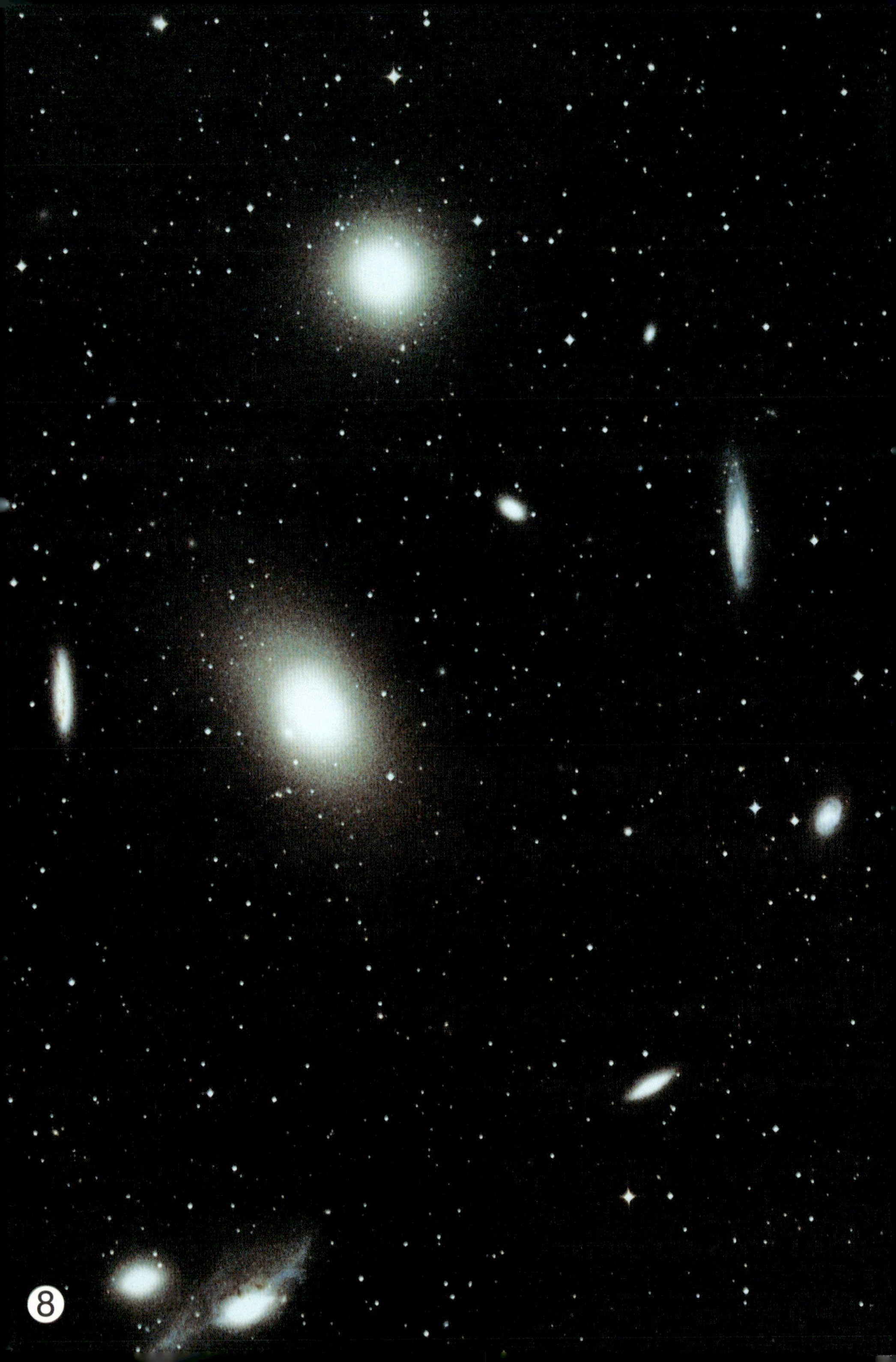
8

Legende

Gott offenbart sich uns auch durch die Ergebnisse der Astronomie. Ein "Geschenk des Himmels" sind faszinierend schöne Aufnahmen mit den großen Teleskopen von Siding Spring in Australien:

1 Masseabstoßender Stern IC 2220 . Die Urmaterie hatte nur Wasserstoff mit wenig Helium, noch nicht die Elemente aus denen unsere Erde besteht. Diese wurden auch nicht in der Sonne gebildet. Sie entstehen durch Fusion im Kollaps des Kerns einer Galaxie oder im Bildungsprozeß eines Neutronensterns. Entgegen der gängigen Theorie gleitet ein "Weißer Zwerg" (Millionen t/m^3) zu einem Neutronenstern (Billionen t/m^3) langsam zusammen. Unter Umständen wird auch schon das Stadium des Weißen Zwergs durchglitten: Die Fermi-Temperatur ist nur eine Quasi-Temperatur. Ein Weißer Zwerg strahlt mit seiner Real-Temperatur ab und kontrahiert. Weil seine Atome schon ähnlich viel Neutronen wie Protonen (zB Helium) enthalten, würde hierbei sein Zentraldruck schon bei 1/4 von 1,4-facher Sonnenmasse die Druckfestigkeit des Elektrons (trillion Bar) überschreiten. Jedoch die beim Zusammengleiten freiwerdende Potentialenergie heizt ihn auf. Immer mehr Protonen werden langsam von Elektronen zu Neutronen entladen. Vom Zentrum her formiert sich ein neutronendichter Kern. In Mittelschichten entstehen Atomkerne wie Mg, Al, Si. Extrem ansteigender Strahlungsdruck treibt diese — so beim IC 2220 — in den Interstellarraum. Aus dem Interstellargas kondensierende Sterne der "Zweiten Generation" bilden damit ihre inneren Planeten.

2 Gasnebel M 16 . Die Materie des jungen Kosmos ballte sich — meist vor 15 bis 10 milliard Jahren — zu den Sternen der "Ersten Generation". Die in heißen Zentren von Sternsystemen und Riesensternen gebildeten und später ausgestoßenen Atomkerne sammeln sich in interstellaren Gas- und Staubwolken, aus denen die Sterne der "Zweiten Generation", wie unsere Sonne, gebildet werden.

Aus dem Gas und Staub des Gas-Nebels M 16 kondensierte vor rund 2 million Jahren ein offener Sternhaufen von Leuchtkraft-Riesen mit je über dutzend-facher Sonnenmasse. Die dunklen Bereiche sind Gas- und Staub-Wolken, die bald zu weiteren Sternen kondensieren, viele davon mit Planeten.

3 Reflexnebel NGC 1977 . Staub-Nebel im Orion, in dem sich zur Zeit neue Sterne ballen. Die Entdeckung der Entstehung von Planeten (Hubble-Teleskop) — an deren Infrarot-Signatur und der Stern-Bewegung — sicherte die Erkenntnis, daß in unserem Kosmos mindestens 10^{18} (million·million·million) Planeten derart ähnlich unserer Erde sind, daß sie Lebewesen wie uns Heimat sein könnten.

4 Spiral-Galaxie NGC 2997 . Eine unserer Milchstraße (Galaxis) sehr ähnliche Galaxie, wie sie im Weltraum typisch ist: etwa hunderttausend·million Sterne in einer flachen Scheibe mit ca hunderttausend Lichtjahren Durchmesser, die innen schneller (million Jahre) außen langsamer (tausendmillion Jahre) rotiert. Der Kern einer noch aktiven Galaxie kollabiert rund alle hundertmillion Jahre. Die ausgestoßene Masse — Milliarden von Sonnenmassen — bildet die Spiralarme. Diese enthalten viel Gas und Staub, der auch heute noch zu neuen Sternen kondensiert. Die meisten der Milliarden Sterne einer Galaxie sind sehr ähnlich unserer Sonne. Wie unsere Galaxis sind die großen Galaxien meist spiralig, teils unregelmäßig. Die kleinsten Zwerggalaxien aber auch die größten Riesengalaxien sind kugelig.

Die Sterne der Spiral-Galaxien sind jünger als 12 milliard Jahre, die ihrer Kugelhaufen aber 15 milliard Jahre alt: Die Gasjets aus den urzeitlichen Riesenkollapsen konnten zwar die noch nicht kondensierten Gase der Galaxien zu Drehungen anstoßen, aber nicht mehr die schon kondensierten Sterne. Die in der Urwolke kondensierten Sterne (ua Kugelhaufen) blieben drehfrei.

5 Balken-Spirale NGC 2442 in Volans . Eine Galaxie ähnlicher Größe wie unsere Galaxis. Vermutlich hat sie eine kleinere Galaxie verschlungen und deren Sterne in sich verwirbelt. Dies scheint die Entstehung vieler neuer Sterne angeregt und sie zu ihrer ungewöhnlichen Gestalt verformt zu haben. In vielen Jahrmillionen werden die Schwer- und Drehkräfte die normale Gestalt restaurieren.

Das Weltall, dh "unser" Kosmos, hat schon im Bereich der Beobachtung über hundertmilliard Galaxien. Insgesamt kann mit zehntausend·million·million Galaxien in unserem Kosmos gerechnet werden; hundert·billion·billion Sonnen. In einigen der Bilder — mehr zu erahnen als zu ersehen — erscheinen als winzige bläuliche Stäubchen viele Galaxien in gigantischen Raumtiefen (Gac).

6 Die "Sombrero" Galaxie M 104 . Diese Riesengalaxie ist eine der interessantesten Galaxien: mit einem scharf geschnittenen Staubring um einen angenähert kugeligen Zentralkörper aus vielen hundertmilliard alten Sternen.

Der Staubring um eine drehimpulsarme Riesengalaxie kann direkt durch den Drehimpuls zustande kommen, den der Staub dieser Galaxie durch einen eindringenden Gasjet erhielt. Er kann aber auch aus einem Kernkollaps hervorgehen: Starker Drehimpuls der Kollapsmasse führt diese als zentrumnahe Accreditionsscheibe in Kreisbewegung über. Bei geringem Drehimpuls kann der Kollaps fortschreiten bis Interaktionen den Drehimpuls an die Oberfläche der Kollapsmasse verlagern, von wo ihn nachfolgende Massenabstoßung mit abführt. Mit Drehimpuls abgestoßener Staub verbleibt als Staubring um die Galaxie oder bildet in neuen Spiralarmen neue Sterne.

7 Virgo A (M 87, NGC 4486) ; Riesen-Kugelgalaxie . Sie ist fünfzigmillion Lichtjahre entfernt. Im Inneren des "Virgo-Haufen" beherrscht sie mit ihrer supergigantischen Masse wie 10^{14} Sonnen diese gewaltige Anhäufung von Galaxien.

Die Virgo A enthält selbst schon viele mittelgroße Galaxien und Zehntausende von Kugel-Sternhaufen, die im Bild als winzige Flöckchen erscheinen. Diese Sterne, Sternhaufen und Sub-Galaxien der Virgo A durchpendeln die Riesenkugel so, wie Einzelsterne ihren Kugelhaufen durchpendeln. Diese Sterne und Kugelhaufen laufen bei ihren Pendelbewegungen verschieden weit aus; sehr viele unsichtbar weit. Daher ist die Virgo A unauslotbar weit erstreckt und hat sehr viel größere Masse als in der sichtbaren Kugel. Schon in dieser ist mindestens zehnmillion-fache Masse eines Kugelhaufens (million Sonnen), sind mindestens zehnbillion Sonnen. Dazu ist noch vermutlich 10-fache Masse an Neutronensternen.

Riesenkugelgalaxien haben keinen oder geringen Drehimpuls und alte Sterne, von denen die meisten ausgebrannt und zu Neutronensternen zusammengeglitten sind. Sie haben nur noch wenig Gas, sodaß kaum mehr neue Sterne entstehen. Ihre Entwicklung ist schnell und vehement verlaufen. Ihre große Geschichte liegt viele Jahrmilliarden zurück: supergigantische Kernkollapse, bei denen Gasmassen kollabierten wie die Masse von über hundertmilliard Sonnen.

8 **Virgo-Haufenzentrum ; mit RKG M 84 und M 86** . Der fünfzigmillion Lichtjahre entfernte Virgo-Haufen ist eine dynamisch-stabile Anhäufung von mehr als tausend Galaxien. Die individuelle Bewegung jeder Galaxie ist bestimmt vom kollektiven Schwerpunkt. Dieser ist dominiert von einigen Riesenkugelgalaxien im Inneren.

Die übergigantischen Ur-Massenballungen waren drehimpulsfreies Gas. Die ersten Ballungen mündeten in Kollapse mit Ausstoß von Gasstrahlen wie billion Sonnenmassen. Diese verwirbelten die umgebenden Gasmassen und versetzten sie in Rotationen. Die drehfreien Urballungen gestalteten Kugel-Galaxien, die rotierenden Ballungen wurden Spiral-Galaxien. Drehimpuls von Galaxien mindert die Heftigkeit ihrer Kernkollapse und verlängert die Aktivität ihrer Kerne.

Eine aus den Urballungen naturgemäß als Kugel entstehende Riesengalaxie ist somit eben eine "Riesen-Kugel-Galaxie" (RKG); keine "Elliptische Galaxie", obgleich gelegentlich eine Riesenkugelgalaxie, infolge Störung durch eine andere Riesenkugelgalaxie, eine elliptische Gestalt annimmt, die ein wenig von einer Kugel abweicht. Im Gegensatz dazu sind die eigentlich "elliptischen" Galaxien kleiner als die spiraligen: Die durch den Weltraum jagenden Gasjets aus den Kernkollapsen der Riesengalaxien stoßen zwar das Gas großer Wolken zu Drehimpuls an, stoßen aber das Gas kleiner Galaxien zumeist aus der Galaxie hinaus. Diese werden damit inaktiv und gestalten sich elliptisch; umso kugelähnlicher, je kleiner sie sind.

Die Sterne der Kugelhaufen im Kugelhaufen-Halo einer Spiralgalaxie sind viel älter als die Sterne ihrer Galaxie. Sie und ihr ganzer Halo sind drehimpulsfrei, wie auch die Riesenkugelgalaxien. Diese uralten Kondensationen sind Zeugen der Drehimpulsfreiheit der Urgasmassen, die sehr viel mächtiger und andersartig kollabierten.

Der Kollaps einer drehimpulslosen Masse wie billion Sonnen zeugt einen neuen Kosmos, so groß wie unseren: im Kollapszentrum scheiden sich immense Substanzenergien von negativ ebenso großer Potentialenergie. Die Rückfuhr der vollen Kollapsmasse in unseren Kosmos durch die Abstrahlung aus dem punktuell entartenden Zentrum, schließt den Raum um das Zentrum. Kurz nach der Singularität, mit eigenem Raum-Zeit-Kontinuum, startet expansiv der neue Kosmos. Der Zahl möglicher Kosmen ist keine Grenze.

Unendlich ist der allmächtig gesetzgebende, ewig schaffende Souverän.

Gott und All

Gott ist der ABSOLUTE SOUVERÄN. Er ist der souveräne Geber der Gesetze. Schöpfung ist Setzung der Gesetze durch den Absoluten Souverän. Mit Seinem schöpfungsmächtigen Wort werden Seine Gesetze weltenschaffend und weltenlenkend wirksam. Gewaltig sagt dies der Prolog des Johannes-Evangeliums : "Im Anfang war das Wort; und das Wort war bei Gott; und das Wort war Gott".

Mit den Gesetzen des souveränen Schöpfers entstehen und vergehen die Kosmen in urgewaltigen Evolutionen und urlebendigen Organisationen. Diese Gesetze sind geistige Strukturen, unermeßlich über allen Intelligenzen.

Mit diesen Gesetzen geregelte Evolutionen und Organisationen bringen gigantische Welten hervor, mit bewußten Personalitäten in pulsierendem Leben: weil es der Absolute Souverän wollte. So gab Er Gesetze, die Sein Wesen gleichnishaft widerspiegeln. Er ist Schöpfer aller Personen weil Er selbst allüberragende Personalität in allumfassendem Bewußtsein ist. Er ist der "Lebendige Gott".

Gott ist nicht der einfallslose "Macher", zu dem Ihn die Anti-evolutionisten erniedrigen. Der Kirchenlehrer Augustinus erkannte das Wesentliche : "Was ist größer, Dinge zu machen, oder zu machen, daß sich die Dinge machen?" Die gesetzgebende Schöpfungskraft Gottgeistes ist derart gewaltig, daß sie sogar einen Kosmos befähigt, weitere Kosmen zu generieren: Die Totalenergie eines Kosmos ist immer Null. Ein neuer Kosmos entsteht in einer Scheidung positiver Substanzenergien und negativer Potentialenergie. Ein mittlerer Kern-kollaps einer Riesenkugelgalaxie zeugt einen Kosmos schon ähnlich groß wie unserer.

Der gesetzgebende Souverän schafft freie Kosmen. Unter Seinem Gesetz einer übergeordneten Gerechtigkeit schafft Er autonome Welten. Wenn Gott alles geschaffen hat, das existiert, dann hätte Er doch auch das Böse geschaffen, Gott hätte ja sogar die Hölle geschaffen? Dieses Problem, das zwei Jahrtausende die Menschen grausam bedrängt hatte, löst sich in nichts vor dem übermachtigen Gott, der autonome Welten zu schaffen vermag und erschafft:

In einer kosmosinternen Komplimentarität von Materie und Geist steuern die einem solchen Kosmos innewohnenden Geister dessen Evolution, womit sich ein ihnen arteigener Kosmos organisiert. Ein solcher Kosmos ist besiedelt mit ihm arteigenen Geistern und gestaltet sich nach der Art der ihm innewohnenden Personalitäten.

Der überweltlich-allmächtige Souverän gibt geschaffenen Geistern, Personalitäten die Freiheit, sich gegen die allem übergeordnete Leitung, Lenkung, Steuerung durch Ihn selbst zu entscheiden. Er schafft ihnen einen autarken Kosmos, autonom durch sie steuerbar. Das sind die Kosmen, die der Absolute Souverän aus Seiner Herrschaft und Gegenwart für jene Gesellschaften von Geistern, Personalitäten entläßt, die sich freiwollend von Ihm losgesagt haben: als Kosmen jener, die in Selbstherrlichkeit selbstsouverän ("ich will sein wie Gott") sein wollten und sich vom Absoluten Souverän abgesondert haben (Sünde = Sonderung). Dies sind die Kosmen der Hölle (= Abgetrennte, Abgedämmte, Verdammte).

Die Welten der Hölle würden nicht existieren, wenn Gott nicht autonome Welten geschaffen hätte für Lebewesen, die von dieser entsetzlichen Freiheit Gebrauch gemacht haben, sich von ihm abzusondern. Eben durch ihre Absonderung sind sie in der Hölle; es sind "die in der Absonderung".

Wer von Gott befreit sein will, der ist es: als Sklave der Hölle.

Der überweltlich-allmächtige Souverän gibt aber auch geschaffenen Geistern, Personalitäten die Freiheit, sich für eine allem übergeordnete Leitung, Lenkung, Steuerung, durch Ihn selbst zu entscheiden. Für diese schafft der Geber aller Gesetze autarke Welten mit voller Selbstorganisation, in denen zwar die Personalitäten in mächtiger Lenkung aller Evolutionen und Organisationen die Herren sind: dies aber in immerwährend lebendiger Gegenwart des Absoluten Souveräns als Norm allen Seins, Lebens und Werdens. Dies sind die Kosmen der Gesellschaften von Geistern, von Personalitäten, die dem Herrn allen Seins und einander in Hingabe dienen und einander unbegrenzt beschenken wollen; dies sind die Kosmen des Himmels (= Harmonie, Einklang, Einstimmung).

Die Welten des Himmels würden nicht existieren, wenn Gott nicht autarke Welten geschaffen hätte für Lebewesen, die von der herrlichen Freiheit Gebrauch gemacht haben, sich mit Ihm zu vereinen. Eben durch ihre Vereinigung sind sie im Himmel; es sind "die im Einklang".

Wer an Gott versklavt sein will, der ist es: als Freiherr des Himmels. Was "brauchen wir einen Gott", alles läuft doch nach ehernen Gesetzen? Ist es denkbar, daß nach Gesetzen ablaufende Evolutionen und Organisationen alle Natur und allen Geist mit allen Gesellschaften heraufgeführt haben? Das ist denkbar: freilich nicht ohne einen Gesetzgeber. Was sind denn die "Gesetze"?

Gesetze sind übergeordnete Strukturen, die aller geschaffenen Existenz zugrunde liegen. Schon das Alte Testament offenbart ein hierarchisches All: Unten die in Kugelschalen gestaltete Erde, darüber der "erste Himmel" als die Lufthimmel, darüber der "zweite Himmel" als die Sternhimmel, zuoberst der "dritte Himmel" als eben die alles Sein und Werden beherrschenden Gesetze.

Doch : "JAHVEH thront noch über den dritten Himmeln".

Von wo sollten diese Gesetze herkommen, in was diese gründen? Wie sollten sie "seit immer bestanden haben", wenn die Zeit dieses ganzen Kosmos selbst erst vor etwa zwanzigmillard Jahren begonnen hat; heraustretend aus der "Kosmischen Singularität"? Sollten diese Gesetze selbst evolutiv entstanden sein, so müßten übergeordnete Gesetze eine solche Gesetzesevolution begründen, die selbst wieder bergründet sein müßten. In einem "Regreß" wird jede andere Antwort nichtig, als diejenige, daß ein noch über den dritten Himmeln thronender Gesetzgeber eben alle Gesetze souverän gesetzt hat:

Der Absolute Souverän, der Schöpfer von allem Existierenden.

Er ist JAHVEH, der der "Ist Weil Er Ist". Er ist der selbst Ungeschaffene alles Schaffende. Nicht als wenn Er an einer Stelle irgendeines Raumes in einem Moment irgendeiner Zeit schaffen müßte. Er selbst schafft alle Räume und Zeiten aller Welten. Er ist der Überzeitliche und Überräumliche, der jenseits aller Zeiten und Räume aller Kosmen Ist.

Er und nur Er ist der Unendliche und Allmächtige, der Ewige. So ist auch Sein Schöpfungswerk unendlich. Der Allmächtige schafft zahllose Kosmen; nicht dort und nicht dann, jeder mit seinem eigenen Raum und seiner eigenen Zeit. Alles Geschaffene ist endlich. Jeder Kosmos ist endlich in Zeit, Raum, Materie.

Unendlich viele Welten läßt Sein schöpfungsmächtiges Wort entstehen, entwickeln, gestalten, vergehen. Ohne Ende tauchen in urgewaltiger Dynamik immer neue Kosmen auf und unter: Als unendliche Fülle endlicher Kosmen.

Er ist der Schöpfer aller Kosmen; von Welten in Überfülle. Er läßt sie in urgewaltigen Entwicklungen entstehen und vergehen. Er beschenkt sie mit Fähigkeiten zur Selbst-Gestaltung; sogar zur Selbst-Evolution und Selbst-Organisation. Er legt geordnete Offenheiten — wie die durch das Wirkungsquantum h beherrschte Unbestimmtheitsrelation — in die Materie, sodaß diese durch Geist lenkbar ist. So schafft Er Kosmen mit lebenden Wesen. Er schafft sogar Kosmen, deren Evolutionen und Organisationen von einwohnenden Geistern lenkbar sind.

Er ist JAHVEH , der der "Mit Uns Ist", der mit uns durch die Geschichte geht. Der Allmächtige schafft die Welten zugleich mit wunderbarer Offenheit. In diese unsere Welt kann Er immer und überall einwirken, wo und wann und wie Er will. Jede Welt, die Er zur Selbst-Gestaltung, Selbst-Evolution, Selbst-Organisation befähigt hat, kann Er — nach Seinem Willen — sich selbst überlassen oder sie lenken; soweit und soviel als Er will.

Die Menschen sind "Geschaffen zur Freiheit". Der Allmächtige hat dem Menschen eine so ungeheuerliche Freiheit gegeben, daß der Mensch sogar Ihn, seinen Schöpfer, als Gott, Herrn und Richter ablehnen kann. Er lenkt nicht für die, die Ihn ablehnen; für sie ist es als wäre Er nicht. Aber er offenbart sich denen, die Ihn suchen. Er lenkt die Geschicke derer, die Ihn lieben und fürchten. Er ist Gott, Herr und Richter denen, die Ihn wählen und anrufen.

Die Welten sind "Geschaffen zur Freiheit". Vor Gott ist der Mensch absolut frei. Die Ursünde ist der Gebrauch dieser unheimlichen Freiheit zur Ablehnung. Sie ist die Ablehnung des Schöpfers alles Seienden, die Ablehnung als Gott, Herrn und Richter. Es ist die Selbst-Absonderung vom Ewigen Leben, das nur in Gott ist; von der Herrschaft und Herrlichkeit, die nur in Gott ist.

Die Absonderung vom Ewigen Leben ist ein Fall in unermeßliche Tiefe; quasi-unendlich wie das existentielle Potential $-c^2$, in welchem die Existenz jeglicher Materie des Weltall gründet. Mit der Ursünde ist der Mensch Beute des Bösen geworden, Sklave des Fürsten dieser Welt. Keine Macht der Welt vermag ihn daraus freizukaufen, dh zu "erlösen". Nur Gott selbst hat die Macht, den Menschen zu erlösen. Und Gott hat dies getan in Seinem Sohn Jesus Christus, dem wahren

Mensch und wahren Gott. Kein Geschaffener, nur der vom Vater im Geist gezeugte Sohn ist Erlöser; nur Er allein ist der Mittler zwichen Gott und Mensch.

Dieser alleinige Erlöser sagt: "Ich Bin der Weg, Ich Bin die Wahrheit, Ich Bin das Leben". Alle unsere Wegweisungen, alle unsere Lehrsysteme, all unsere Lebensweisen sind wesenhaft nur Stückwerke, nur Gleichnisse, nur Vorübergänge. Vor der Hoheit des ungeschaffenen Souveräns ist alles Wirkliche und alles Erkannte nur Modell und Abbild. Alle Menschenworte vergehen wie Rauch. Sogar "Himmel und Erde werden vergehen, aber meine (Christus) Worte werden nicht vergehen". Nur Er, der in unerreichbarem Licht Thronende ist "alles in allem"; nur Er ist der allein Wahre und Ewige.

Die Seele des Menschen, als Wesen seiner personalen Bewußheit, ist unsterblich. Wie im Materiellen die Energie beim Zerfall der Gestalten nicht vergeht, so im Geistigen: Die Seele stirbt nicht mit dem leiblichen Tod. Doch ewig ist nur Gott - und der mit Ihm Vereinte. Im mystischen Leib Christi, der Kirche, im unauslotbaren Geheimnis der Eucharistie schon in dieser Welt bereitet, erhält der Mensch Anteil an der Ewigkeit Gottes: in der Gemeinschaft der Heiligen im ewigen Leben.

Der Erlöser hat zur Erlangung des ewigen Heils nur verlangt : dem "Vater" als Gott, Hern und Richter zu gehorchen; den "Sohn" als Messias und Erlöser anzunehmen; im "Geist" Glaube, Hoffnung und Liebe zu empfangen. Daraufhin lebt der Erlöste, indem er den Willen Gottes tut und sich in den Sakramenten zur Vereinigung mit Gott bereitet. Das ist die Gemeinsamkeit aller Christen, die Gemeinschaft der Christen; die Einheit in Christus. Er selbst betet für die Einheit als der Voraussetzung dafür, daß die Welt glauben könne und erlöst werde.

Die Wahrheit ist nur im Sein Gottes. In Gott-Vater thront Gott in ewiger Ruhe, in absoluter Unveränderlichkeit. In Gott-Geist schafft Gott in allmächtiger Dynamik, mit Auftauchen und Untergehen immer neuer Welten. In Gott-Sohn erscheint das schöpfungs- und offenbarungs-mächtige Wort Gottes in der Welt: Dies ist unverändert zu bewahren und fortschreitend zu verkünden.

Gott offenbart sich dem Menschen in Seinem Wort und Seinem Werk. Gottes Wort, das in Gott-Sohn zu uns kommt, ist bewahrend niedergelegt im Neuen Testament der Bibel, im Neuen Bund Gottes mit den Menschen, und ist seit zwei Jahrtausenden das feste Fundament der Lehre der Kirche. Gottes Werk wird fortschreitend erforscht von der Wissenschaft, dem Fundament allen zivilisatorischen Lebens, und führt immer schneller zu immer tieferen Einsichten in die Schöpfung.

Es ist vollkommener Einklang von Wort und Werk des Herrn über Leben und Tod, des Souveräns über das Sein und das Nichts. Die von Alters her gleiche Bibel bestätigt das Bild der modernsten Naturwissenschaft, und diese läßt die biblische Wahrheit immer tiefer erschauen.

Gott hat alles Existierende als souveräner Gesetzgeber geschaffen; auch die Gesetze unseres Denkens, womit Er all unser Denken überhaupt ermöglicht. Führende Logiker sagen: "Gott ist nicht formalisierbar, nicht programmierbar, nicht prozessierbar". Diese Rede ist zwar richtig, besagt aber nicht, daß Gott nicht existiert. Wie sollte der Setzer der Denkgezetze durch ein erst dadurch ermöglichtes Denken umfangbar, in solches Denken einbeziehbar, von solchem Denken erfaßbar sein? An dieser "Frage der Mächtigkeit" scheitert grundsätzlich jeder Beweis gegen ein Dasein Gottes.

Schon das erste der zehn Gebote Gottes heißt: "Du sollst dir weder Bild noch Gleichnis von Mir machen". Aber immer und immer wieder haben die Menschen sich über dieses Gebot hinweggesezt, mit Bildern und Gleichnissen von Ihm, in welchen sie Ihn kleingemacht haben: Viele, um sich über Ihn zu erheben und sich Seiner zu entledigen; viele, um sich Seiner zu versichern und sich Seiner zu bedienen.

Gott aber ist unser Herr, nicht unser Diener. Im Aufgipfeln der Menschheits- und Heilsgeschichte zum Endgericht verschafft sich der Herr mit eiserner Faust Ehre: im Zusammenbruch aller Konstruktionen menschlichen Denkens, mit denen sich der Mensch selbst verabsolutiert; in Beschämung derer, die Ihn und Sein Wort mit ihren Definitionen eingrenzen und kleinmachen.

Gott schafft in unbegrenzter Machtfülle und Herrlichkeit, um grenzenlos zu beschenken, die Ihn in Seiner vollkommenen Gerechtigkeit und unermeßlichen Barmherzigkeit lieben; die Ihn in Seiner grenzenlosen Macht und absoluten Souveränität fürchten. Sie überkommt Er mit Seiner Allmacht und läßt sie teilhaben an Seiner

Herrschaft. Sie erhebt Er zu Fürsten Seiner Schöpfung. "Was kein Auge je geschaut und kein Ohr je gehört, hat Gott denen bereitet, die Ihn lieben".

Gott zeigt den Menschen Seine Unermeßlichkeit schon in diesem gefallenen Kosmos, in dieser Entscheidungswelt. In bisher ungeahnter Großartigkeit zeigt Er uns durch die Wissenschaften die Größe Seines Werkes, durch das wir Ihn immer klarer erkennen können und sollen. Er zeigt uns dies, aufdaß wir Ihn ehren und lieben und damit würdig werden, Seine Schöpfung zu erben.

MISSIONARY BENEDICTINE SISTERS ST. SCHOLASTICA PRIORY

2560 Leon Guinto St.   MALATE, METRO MANILA   Mai 1996
POB 2734   PHILIPPINEN

Gib mir einen Fisch
und ich habe einenTag zu essen.
Zeige mir, wie ich Fische fange,
und ich habe jeden Tag zu essen.
(Sprichwort aus Indonesien)

die PH-FOUNDATION
(PH-Stiftung)

wurde 1986 von den deutschen Physikern Bernhard und Karl Philberth gegründet (beide sind auch katholische Priester), um Studenten aus christlichen, in Not geratenen Familien den Abschluß ihrer Ausbildung zu ermöglichen und damit auch die Existenzgrundlage dieser Familien zu sichern. Denn in den Philippinen sorgen Kinder, die eine Ausbildung und gesichertes Einkommen erreicht haben, in aufopfernder Weise wieder für ihre Großfamilien.

Die Verwaltung der PH-Stiftung obliegt den MISSIONARY BENEDICTINE SISTERS. Die Vergabe der Stipendien und Verwaltung des Fonds liegt bei den Missionsbenediktinerinnen in Manila, die über ihre 17 philippinischen Niederlaßungen diese Arbeit im ganzen Land kostenlos leisten. Sie garantieren die Auslese Bedürftiger und Würdiger und überzeugen sich laufend von Fortschritt und Erfolg der Ausbildung. Die Schwestern kennen viele Familien der Geförderten schon seit Jahren.

Auf den Philippinen herrscht Mangel an qualifizierten Fachleuten vor allem der mittleren (College) Ebene. Absolventen von Fachschulen und Fachhochschulen der verschiedensten Fachrichtungen, Ingenieure, Betriebswirte, medizinisch-technische Berufe usw sind gesucht.

Viele Eltern opfern daher alles; sie verkaufen nicht selten das letzte Reisfeld, um wenigstens einem ihrer Kinder eine qualifizierte Ausbildung geben zu können. Not und Verzweiflung überkommen nicht wenige Familien, wenn ihre Kinder trotz Talent und Fleiß und aller Opfer das Studium abbrechen müßen, einfach weil die Mittel erschöpft sind - wenige Semester vor dem ersehnten Ziel.

Dies mit ansehen zu müßen, veranlaßte die Gründer zum Handeln. Zur Zeit erhalten dreihundert Stipendiaten volle Versorgung. Jeder Stipendiat verspricht, mit seinem späteren Verdienst nicht nur seiner eigenen Familie zu helfen, sondern darüber hinaus die Ausbildung anderer zu fördern.

Schon mit ca 800.- DM pro Jahr kann in den Philippinen eine Ausbildung bezahlt werden (incl. Studiengebühren, Lehrmittel, Lebensunterhalt und Fahrkosten). Um so bedrückender ist es, allein aus Mangel an Mitteln in vielen Fällen nicht helfen zu können und Bittende abweisen zu müßen.

Wenn auch Sie diesen philippinischen Menschen helfen möchten, bitten wir Sie, Ihre Spende auf eines der unten genannten Konten der PH-Foundation zu überweisen.

Mit herzlichem Dank und Gruß

Mother ANGELICA LEVISTE, OSB   Sister M. AMADA HALILI, OSB
Prioress Manila and Province   Procurator
Chairperson of the PH-Foundation   Telefon : 0063 – (0)2 – 523 0019

In Deutschland:

Missionary Benedictine Sisters, Manila (PH-Foundation)
STEYLER MISSIONSSPARINSTITUT GmbH ; D - 53 757 St. Augustin
Konto Nr.: 17 830   BLZ : 38621500

In Australien:

Missionary Benedictine Sisters for Philberth Foundation
NATIONAL AUSTRALIA BANK Ltd; 566 Burke Rd; Camberwell
VIC 3124
Account No.: 66 - 441 - 9330 ; Branch : 083 - 166

In den Philippinen :

Missionary Benedictine Sisters for Philberth Foundation
DEUTSCHE BANK AG ; 1200 Makati, Metro MANILA ; MCPO Box 3404
DM savings A/C # 1000 306 - 30 - 6 ; US$ savings A/C # 1000 306 - 30 - 5

WEITERE BÜCHER VOM VERLAG "BAC AUSTRALIA":

"The Sovereign" - englische Übersetzung "Der Souverän"
    Bernhard Philberth   ISBN 0-646-33834-X
"Offenbarung"
    Bernhard Philberth   ISBN 0-646-20838-1
    englische Übersetzung "Revelation" ISBN 0-646-20837-3
"The Holy Sacrifice of the Mass Explained"
    Rev. Martin von Cochem   ISBN 0-646-28695-1
"The Story of My Visions"
    Simon Walcott   ISBN 0-646-26467-2
"A Novena in Honour of St. Francis"
    Fr. Christopher Sharah FSF   ISBN 0-646-18515-2

Weitere Buchveröffentlichungen des Autors:

Christliche Prophetie und Nuklear Energie. 28 Auflagen in Deutsch.
    12. Originalauflage 197 Seiten.   ISBN 3-7171-0182-X
    Übersetzung in Englisch:
    Christian Prophecy and Nuclear Power ISBN 0-646-204-254.
DER DREIEINE - Anfang und Sein, die Struktur der Schöpfung.
    7. Auflagen, 608 Seiten.   ISBN 3-7171-0183-8.
DAS ALL - Physik des Kosmos
    342 Seiten   ISBN 3-7171-0821-2
Überleben ohne Erfindungen? Deutschland verstößt seine Erfinder.
    127 Seiten   ISBN 3-7171-0846-8
OFFENBARUNG im BAC-Verlag
    Übersetzugen von Offenbarung:
    English REVELATION im BAC-Verlag   ISBN 0-646-20837-3
    Russisch   (Welten vor Gott)   ISBN 966-7049-01-4
    Ukrainisch (2. Aufl. W.v.G.)   ISBN 5-7707-9093-8.

Stimmen zum Buch **"Offenbarung"**:

Das Buch "Offenbarung" ist ein überzeugendes Beispiel für den redenden und deshalb überzeugenden Glauben. Ich habe es mit grösstem Interesse und ebenso grossem Gewinn angesehen und beglückwünsche Sie sehr herzlich dazu.

Prof. Dr. Wolfgang Bergsdorf
Ministerialdirektor im Bundesministerium des Inneren

Bernhard Philberth schreibt mit der Kompetenz des Naturwissenschaftlers und dem grossen Schwung eines gläubigen Christenmenschen und reisst mit seiner Begeisterung andere mit.

Weihbischof Dr. Hans - Jochen Jaschke
Bischofsvikar für Hamburg und Schleswig-Holstein

Der Autor Bernhard Philbert versucht, den Christlichen Glauben in einer durch Naturwissenschaft und Technik geprägten Welt in deren eigenen Sprache darzustellen und verstehbar zu machen, ohne ihn erzwingen zu wollen. Das ist eine wichtige Aufgabe in unserer Zeit.

Lajos Kada
Apostolischer Nuntius in Deutschland

Das Buch "Offenbarung" ist ein wichtiger Versuch, unsere Glaubens-Wahrheit in einer Sprache weiterzusagen, die auch dem heutigen naturwissenschaftlich geprägten Menschen einleuchtet. Es ist vorzüglich geeignet einen Lernprozess einzuleiten. Naturwissenschaftler lernen, dass Glaube nicht ihrer Erkenntnis widerspricht, sondern diese aufs Ganze des Daseins hin weiterführt. Theologen lernen, die "Offenbarung" Gottes auf den Menschen von heute hin zu deuten und zu formulieren.

Odilo Lechner, OSB
Abt von St. Bonifaz München und Andechs